Film im Französischunterricht

Immigration – Intégration

Welcome
La Haine

Unterrichtsvorschläge und Kopiervorlagen
von Laure Soccard

Ernst Klett Sprachen
Stuttgart

Bildquellennachweis

Coverfoto 1/2 Arsenal Filmverleih, Tübingen; **Coverfoto 3** ddp images GmbH, Hamburg; **18.1** Alamy Images (Peter Horree), Abingdon, Oxon; **18.2** Imago (PanoramiC), Berlin; **18.3** Ullstein Bild GmbH (JOKER/Hick), Berlin; **18.4** laif (Zimbardo Xavier/Rapho), Köln; **18.5** Corbis (David Turnley), Düsseldorf; **21** Corbis (Alain Nogues), Düsseldorf; **24** Ullstein Bild GmbH (Sipa), Berlin; **34** Fotolia LLC (Mickaël Plichard), New York; **40** Arsenal Filmverleih, Tübingen; **42.1; 42.2; 42.3; 42.4; 42.6** Arsenal Filmverleih, Tübingen; **42.5** Mauritius Images (Alamy), Mittenwald; **44** Ullstein Bild GmbH (Sipa), Berlin; **46.1** Fotolia LLC (Mickaël Plichard), New York; **46.2** Thinkstock (Getty Images), München; **74** Photo 12, Paris; **76** Interfoto (Ronald Grant Archive/Mary Evans), München; **78** Fotolia LLC (Philippe Minisini), New York; **79** Fotolia LLC (DjiggiBodgi.com), New York; **80** Ullstein Bild GmbH (AP), Berlin; **83** Interfoto (MK2/Ronald Grant Archive/Mary Evans), München; **85** Fotolia LLC (studioimages), New York; **89** Thinkstock, München; **90** ddp images GmbH, Hamburg; **91** Dream Maker Software (RF), Colorado; **94** Schneider ©cartoons@courrierinternational.com

Sollte es in einem Einzelfall nicht gelungen sein, den korrekten Rechteinhaber ausfindig zu machen, so werden berechtigte Ansprüche selbstverständlich im Rahmen der üblichen Regelungen abgegolten.

1. Auflage 1 $^{5\ 4\ 3\ 2\ 1}$ | 2015 14 13 12 11

Alle Drucke dieser Auflage sind unverändert und können im Unterricht nebeneinander verwendet werden.
Die letzte Zahl bezeichnet das Jahr des Druckes.
Internetadresse: www.klett.de / www.lektueren.com

Autorin: Laure Soccard

Redaktion: Elena Herrmann, Audrey Sgorlon
Layoutkonzeption: Elmar Feuerbach
Gestaltung und Satz: Eva Mokhlis, Swabianmedia, Stuttgart
Illustrationen S.17: Oliver Lucht, Pfeffer und Salz, Steinhalde 8, Freiburg
Umschlaggestaltung: Elmar Feuerbach
Druck und Bindung: Digitaldruck Tebben, Märzenburgweg 8, 87640 Biessenhofen
Printed in Germany

ISBN 978-3-12-598447-9

9 783125 984479

Inhaltsverzeichnis

Module 3 : La Haine

Einführung

Vorwort

Frankreich als Einwanderungsland

Frankreich hat eine lange Geschichte als Einwanderungsland. Diese ist auf seine kolonialistische Vergangenheit und die langewährende Anwerbung ausländischer Arbeitskräfte für den französischen Arbeitsmarkt zurückzuführen. Die Zuwanderung hat die französische Gesellschaft geprägt und bereichert, stellt gleichzeitig aber auch eine große Herausforderung für diese dar. So müssen nicht nur kulturell-ethnische sondern auch räumlich-soziale Unterschiede überwunden werden, was nicht immer geglückt ist. Die Unruhen in den Vororten großer französischer Städte 2005 und 2007 zeigen, dass eine gesellschaftliche Kluft existiert. Zum Thema Immigration gehört auch die illegale Einwanderung. Insbesondere in der Region Nord-Pas-de-Calais halten sich Tausende von Personen ohne legalen Aufenthaltsstatus (so genannte *sans-papiers*) auf, welche versuchen von der französischen Küste aus, nach Großbritannien zu gelangen. In den letzten Jahren wurde die Einwanderungspolitik in Frankreich verschärft und die Themen *identité nationale* und *intégration* stehen immer wieder im Mittelpunkt der Diskussionen.

Das vorliegende Heft ermöglicht Ihnen die Behandlung des Themas „Immigration und Integration" anhand zweier Filme und somit einen kreativen und interessanten Zugang zu einem in vielen Lehrplänen vorgegeben landeskundlichen Thema. Neben dem Wissen über die französische Gesellschaft und Politik soll durch einen Vergleich mit der Situation in Deutschland die interkulturelle Kompetenz und das Transferwissen vertieft werden.

Die Filme *Welcome* und *La Haine*

Die für dieses Heft ausgewählten Filme *Welcome* und *La Haine* erlauben es, die Problematik der Immigration und Integration in ihrer Komplexität zu begreifen, da sie unterschiedliche Facetten des Themas beleuchten: *Welcome* (2009) behandelt die Probleme der illegalen Einwanderer, ihre Lebensbedingungen, die Repressalien, denen sie ausgeliefert sind, die freiwilligen Helfer und die Reaktionen der Gesellschaft.

In *La Haine*, einem Kultfilm der 90er Jahre, liegt der Schwerpunkt auf den schwierigen sozialen Verhältnissen, der vorherrschenden Gewalt (z.B. durch die Polizei) und den häufig fehlenden Zukunftsperspektiven in den französischen Vorstädten, in denen viele Familien und Jugendliche mit Migrationshintergund leben.

Durch die Arbeit mit den beiden Filmen lernen die Schüler aber nicht nur, den Inhalt der Filme und die angesprochene Problematik zu verstehen, sondern auch, sich mit den unterschiedlichen filmischen Mitteln und der Ästhetik der Filme auseinanderzusetzen.

methodisch-didaktische Anmerkungen

Das Heft ist in 3 Module gegliedert. Im ersten Modul finden Sie Unterrichtsvorschläge zum Thema „Immigration und Integration" allgemein, die unabhängig von den Filmen eingesetzt werden können, um das Thema einzuführen bzw. zu vertiefen. Daran schließt sich je ein Modul zu den Filmen *Welcome* und *La Haine* an. Da die beiden Module zu den Filmen inhaltlich nicht aufeinander aufbauen, können Sie – je nachdem wie viel Zeit Ihnen zur Verfügung steht – beide oder nur einer der Filme behandeln. Jeder der drei Teile enthält didaktische Hinweise für die Lehrkraft und kopierbare Arbeitsblätter.

In den Lehrerhinweisen verwendete Abkürzungen

KV Kopiervorlage

S Schülerinnen und Schüler

Erläuterung der auf den Kopiervorlagen verwendeten Symbole

- Gruppenarbeit
- Partnerarbeit
- mündliche Aufgabe
- schriftliche Aufgabe
- Hörsehverstehen
- Hörverstehen
- Landeskunde / interkulturelle Kompetenz
- Hausaufgabe
- Internetrecherche
- Tipp / Hilfestellung zum Lösen einer Aufgabe
- Rollenspiel / szenisches Spiel

Module 1 : Immigration, intégration

Lehrerhinweise

Das erste Modul führt in das Thema „Immigration und Integration" ein. Es kann vor der Beschäftigung mit einem oder beiden in diesem Heft behandelten Film(en) eingesetzt werden, um die Grundkenntnisse über Frankreich als multikulturelles, durch Einwanderung geprägtes Land und die damit einhergehenden Chancen und Risiken zu vermitteln. Auf den ersten beiden Kopiervorlagen finden Sie Wortschatz zum Thema Film und wichtige Ausdrücke für die Filmanalyse. Sie können als Vorentlastung zu Beginn der Unterrichtseinheit und/oder bei der Bearbeitung einzelner Kopiervorlagen aus den Modulen 2 und 3 eingesetzt werden.

Le vocabulaire du cinéma

Kopiervorlage 1

Ziel

- Erarbeitung des Wortschatzes zum Thema *Cinéma*
- Nutzung des potenziellen Wortschatzes (Muttersprache, internationale Fremdwörter, bereits erlernte Fremdsprache(n))
- Nutzung von Prinzipien der Wortbildung
- Nutzung ein- bzw. zweisprachiger Wörterbücher

Lösungsvorschläge

Le cinéma		
une salle de cinéma	→ salle ; → cinéma	Kinosaal
un écran		Leinwand
un spectateur / une spectatrice	*angl. :* spectator	Zuschauer(in)
un public		Publikum
un festival		Festival
un prix / une récompense		Preis / Auszeichnung
une projection	Projektion	Vorführung
Le film		
un film d'action /		Actionfilm
de science-fiction /	→ la fiction	Science-Fiction
historique /	→ l'histoire	historischer Film
romantique /		Romanze
policier	→ la police	Kriminalfilm
une comédie	*angl. :* comedy	Komödie
un thriller		Thriller
un documentaire		Dokumentarfilm
une bande originale		Soundtrack
un sous-titre	→ sous + un titre	Untertitel

une affiche de film	→ une affiche	Filmplakat
un premier / second rôle	→ un rôle	Haupt-/Nebenrolle
Produire un film		
un réalisateur / une réalisatrice		Regisseur(in)
un producteur / une productrice	→ produire	Produzent(in)
une distribution	→ distribuer	Vertrieb
un script / un scénario	→ une scène	Drehbuch
Monter un film		
un montage		Schnitt
un découpage	→ couper	Schneiden
des effets spéciaux	*angl.* : special effects	Spezialeffekte
un doublage		Synchronisation
un fond sonore	→ le son	Geräuschkulisse
mixer, un mixage		Tonmischung
Filmer		
tourner un film		einen Film drehen
une caméra		Kamera
un décor	*all.* : Dekoration	Szenerie
un éclairage	→ clair	Beleuchtung
des costumes		Kostüme
un lieu de tournage	→ lieu, → tourner	Drehort
une anticipation	→ antizipieren	Vorwegnahme
un flash-back	*angl.* : flashback	Rückblende
un ralenti	→ lent	Zeitlupe
L'équipe		
un caméraman	*angl.* : cameraman	Kameramann
un acteur / une actrice	*angl.* : actor, actress	Schauspieler(in)
un/e scénariste	→ un scénario	Drehbuchautor(in)
un maquilleur / une maquilleuse	→ le maquillage	Maskenbildner(in)
un/e figurant/e		Statist(in)
un cascadeur / une cascadeuse		Stuntman

Kopiervorlage 2

Pour analyser un film

Auf dieser KV sind die Perspektiven und Bewegungen der Kamera dargestellt und auf Französisch erklärt. Sie kann zu Beginn der Unterrichtseinheit an die S verteilt werden und hilft beim Beschreiben einzelner Filmsequenzen bzw. beim Ausfüllen der Beobachtungsbögen.

Une France multiculturelle

Kopiervorlage 3

Ziel
- Frankreich als multikulturelle Gesellschaft erkennen
- Bildbeschreibung
- Wortschatzarbeit (*filet à mot*)

Bildbeschreibung

- L'image montre / illustre / représente...
- Sur la photo / sur le dessin, on voit / on remarque...
- en haut, en bas, à droite, à gauche, au milieu, devant, derrière, à côté de...
- à l'arrière plan, au premier plan...
- Les couleurs sont vives / claires / sombres...
- Ce qui est étonnant / original / choquant / étrange..., c'est / ce sont...

Lösungsvorschläge

1. *réponses individuelles*

2. multiculturel
   une culture → culturel/le
   différentes cultures, religions, langues, nationalités, cuisines
   l'immigration → immigrer → un/e immigré/e
   l'intégration → s'intégrer ; l'acceptation → accepter
   pluriel/le ; cosmopolite
   l'identification → s'identifier
   l'assimilation → s'assimiler
   le pays d'accueil, la société
   l'enrichissement mutuel
   les problèmes : intolérance, incompréhension, racisme, rejet...

L'histoire de l'immigration

Kopiervorlage 4

Ziel
- landeskundliches und historisches Wissen über die Einwanderungswellen in Frankreich erwerben
- detailliertes Lesen eines Sachtextes
- Zeitstrahl ergänzen

Lösungsvorschläge

1.

Portugal, Italie, Pologne	Maghreb (Algérie, Maroc, Tunisie), Afrique subsaharienne, Asie (p.ex. ancienne Indochine)		
1900 – 1960	**1960 – 1974**	**1974 – 2006**	**à partir de 2006**
Crise démographique, reconstruction du pays	Travail souvent pénible et peu payé	Politique de regroupement familial (diminution du nombre de travailleurs, augmentation du nombre de femmes et d'enfants)	immigration choisie

2. Avec l'« immigration choisie », on sélectionne et choisit les immigrés que l'on accueille dans un pays, selon des critères tels que les ressources financières, la qualification professionnelle, le niveau d'études etc.

Kopiervorlage 5

Statistiques sur l'immigration

Ziel

- Beschreibung und Analyse von Statistiken und Grafiken

- la plupart, la moitié, un tiers, un quart, le nombre, X pour cent de...
- la majorité / la minorité de, X fois plus / moins que ...
- Les pourcentages montrent / illustrent / mettent en valeur...
- On constate un fort contraste / On relève une différence...
- augmenter, une augmentation ≠ diminuer, une diminution
- comparé à, en ce qui concerne...

Lösungsvorschläge

I La plupart des immigrés en France sont originaires du Maghreb et des anciennes colonies en général, d'Europe (Portugal, Espagne, Italie) et d'Asie (Turquie, Chine, Viêtnam).

II Si jusqu'en 2005, le nombre des naturalisations a augmenté, il n'a cessé de diminuer à partir de 2006 suite au durcissement de la politique migratoire.

III Contrairement aux préjugés, le pourcentage d'enfants nés d'un ou de deux parents étrangers (respectivement 12,7 % et 6,9 % en 2008) est beaucoup plus faible que le pourcentage d'enfants nés de deux parents français.

Kopiervorlage 6a

Le port du voile en France (fakultativ)

Die Klasse wird in 2 Gruppen aufgeteilt. Jede Gruppe beschäftigt sich mit einer der beiden Fragestellungen auf der KV und versucht möglichst viele Informationen dazu im Internet zu recherchieren. Anschließend werden entweder 2er Gruppen mit je einem S aus den vorherigen Gruppen gebildet, die gemeinsam die Tabelle vervollständigen oder die Ergebnisse werden im Plenum besprochen.

Für die Debatte werden zunächst Argumente für und gegen das Kopftuchtragen gesucht, dann werden die S in Gegner und Befürworter eingeteilt. Ein S übernimmt die Rolle des (Fernseh-)Moderators.

Ziel

- Internetrecherche
- Zusammentragen und Präsentieren von Informationen
- Argumente zu einem aktuellen Thema überlegen und debattieren

Das Gesetz zum Tragen des Kopftuchs *Article L 141-5-1 (Code de l'éducation)* finden Sie unter *www.legifrance.gouv.fr*

Lösungsvorschläge

1. En général, les femmes se voilent pour des convictions religieuses, par tradition, car le mari ou la famille l'exige ou bien pour avoir la paix et ne plus être embêtée dans les cités.

2. *réponses individuelles*

3.

Quelle position l'État français a-t-il sur le port du voile ?	Dans les établissements scolaires et la fonction publique, le port de signes ou de tenues par lesquels on manifeste une appartenance religieuse de façon ostentatoire est interdit. (Le gouvernement a tranché et a opté pour une interdiction générale du port de la burqa sur le territoire national.)
Expliquez en quoi la France est un pays laïc et donnez des exemples. Comparez à l'Allemagne.	La laïcité est un principe de séparation dans l'État de la société civile et de la société religieuse. Les signes et les enseignements religieux sont ainsi interdits dans les établissements scolaires. L'Allemagne au contraire n'est pas un pays entièrement laïc. Dans quelques Länder, le port du voile est pourtant interdit aux professeurs.

4. a)

pour	**contre**
- droit à la différence / acceptation de l'autre - tolérance / respect des autres religions - liberté d'expression / libre exercice des cultes	- symbole de l'oppression / soumission des femmes - expression d'un extrémisme religieux - menace pour les valeurs républicaines (liberté, égalité (des sexes), laïcité)

L'interdiction du voile intégral (fakultativ)

Kopiervorlage 6b

Nach Belgien hat auch Frankreich im Jahr 2010 das Tragen eines Vollschleiers wie Burka oder Nikab in der Öffentlichkeit verboten. Die S lesen einen Zeitungsartikel, in dem es um die Verabschiedung dieses Gesetzes geht und schreiben ein Resümee.

Ziel

- Leseverstehen
- Textproduktion (*résumé*)

Lösungsvorschläge

Le Conseil constitutionnel a validé la loi interdisant le porte du voile intégral (niqab ou burqa) dans l'espace public (lieux ouverts et services) à l'exception des lieux de culte. De ce fait, toute personne ne respectant pas cette loi encourt une peine de prison (jusqu'à un an) ainsi qu'une amende (pouvant aller jusqu'à 30 000 euros). Selon le gouvernement, le port du voile intégral est contraire aux valeurs de la République, comme, par exemple, la liberté.

Intégration difficile

Kopiervorlage 7

Ziel

- den Begriff Integration definieren, diskutieren und die Grenzen feststellen
- Wörterbucharbeit
- Leseverstehen: einem Romanauszug selektive Informationen entnehmen

Lösungsvorschläge

1. Définition du Nouveau Petit Robert 2008 :
   « Établissement d'une interdépendance plus étroite entre les parties d'un être vivant ou les membres d'une société » (Lalande).
   Opération par laquelle un individu ou un groupe s'incorpore à une collectivité, à un milieu.
2. intact, fermé, comme blindé, étranger, totalement inatteignable
3. Le protagoniste définit son identité en se démarquant de la société du pays d'accueil (la France). Le plus important pour lui est son origine (et sa religion).
4. Il est venu en France pour y travailler, gagner de l'argent et nourrir sa famille. Il ne veut pas y rester pour toujours. Son but est de rentrer au Maroc dans son village natal. C'est la raison pour laquelle il ne fait pas d'efforts pour s'intégrer en France. Ses préjugés envers les Français ainsi que sa croyance en l'incompatibilité entre la culture française et la culture marocaine rendent son intégration encore plus difficile.
5. *réponses individuelles*

Debattieren

- Je pense, je crois, je suis d'avis, je suis persuadé(e), je suis convaincu(e), je suis sûr(e) / certain(e) que...
- Selon moi, d'après moi, à mon avis, pour ma part, personnellement...
- Je ne partage pas ton opinion, c'est faux, tu as tort, au contraire...
- Je pense la même chose que toi, je suis d'accord avec toi...
- C'est pourquoi, pour cette raison, par conséquent, donc
- Je voudrais ajouter / donner un exemple...
- pour résumer, pour conclure...

Kopiervorlage 8

Intégration réussie

Ziel

- Lesen eines Interviews: Global und Detailverständnis trainieren
- Sprachmittlung / *médiation*

Lösungsvorschläge

1. Malamine Koné est un exemple d'intégration réussie car, d'origine étrangère, il s'est adapté et intégré à la société du pays d'accueil. Il a réussi socialement et professionnellement. Il voulait devenir inspecteur de police mais cela n'était plus possible après un accident, alors il a créé sa propre marque de sport, Airness, et a eu beaucoup de succès.
2. *réponses individuelles*

Kopiervorlage 9

L'immigration : difficultés et chances

Diese Kopiervorlage bietet sich zum Abschluss des ersten Moduls an, um das auf den vorhergehenden Kopiervorlagen erworbene Wissen über Frankreich als Einwanderungsland übersichtlich darzustellen und noch einmal zu reflektieren.

Dafür können die S auf die Ergebnisse der Bearbeitung der KVs 4, 5, 7 und 8 zurückgreifen.

Ziel

- Vorwissen aktivieren
- Rekapitulation und Zusammenfassung von Informationen

Lösungsvorschläge

1. a) Les causes :
   - Qui ? Travailleurs, hommes, familles.
   - D'où ? Afrique, Europe, Asie.
   - Pourquoi ? Raisons économiques, politiques, catastrophes naturelles etc.

   b) Les difficultés des personnes d'origine étrangère :
   Racisme, insécurité, violence, délinquance, pauvreté, non-intégration / exclusion de la société, problèmes avec la langue et la culture du pays d'accueil, discrimination, communautarisme, choc culturel…

   c) Les opportunités des personnes issues de l'immigration :
   Accès aux services de santé et à l'aide sociale, possibilité d'offrir un meilleur avenir à ses enfants, avoir de meilleures conditions de travail que dans le pays d'origine…

2. *réponses individuelles*

3. Nicolas Sarkozy : Hongrie (père), Grèce (grand-père maternel)
   Zinedine Zidane : Algérie (parents)
   Rachida Dati : Algérie (mère), Maroc (père)
   Yannick Noah : Cameroun (père)

Ces personnes sont nées en France de parents d'origine étrangère. Aujourd'hui, ils sont célèbres en France dans le domaine de la politique, du sport et de la musique. Ces personnages servent de modèle à beaucoup de Français, notamment aux jeunes de la deuxième ou troisième génération d'immigrés parce qu'elles ont du succès, des responsabilités et gagnent bien leurs vies.

Nicolas Sarkozy, l'actuel président de la République française, a des racines hongroise (par son père) et grecque (par la famille de sa mère).

Zinedine Zidane est né et a grandi à Marseille. Ses parents viennent de Kabylie, en Algérie. À l'âge de 16 ans, il joue son premier match de foot dans la Division 1, puis intègre six ans plus tard l'équipe nationale.

Rachida Dati, fille d'un père marocain et d'une mère algérienne, a grandi dans un milieu modeste à Chalon-sur-Saône. Elle a beaucoup travaillé en plus de ses études pour gagner sa vie. En mai 2007, elle devient ministre de la Justice dans le gouvernement de François Fillon. En juillet 2009, elle est élue députée européenne.

Yannick Noah est né en France mais il a passé une partie de son enfance au Cameroun, le pays de son père. De 1977 à 1991, il est joueur de tennis professionnel. Dans les années 90, il commence une deuxième carrière, également avec beaucoup de succès, comme chanteur de musique pop.

Le vocabulaire du cinéma

À l'aide de mots connus, en français ou dans d'autres langues, cherchez la définition des mots ci-dessous en allemand.

Le cinéma		
une salle de cinéma	→ salle ; → cinéma	Kinosaal
un écran		
un spectateur / une spectatrice		
un public		
un festival		Festival
un prix / une récompense		
une projection		
Le film		
un film d'action		
de science-fiction		
historique		
romantique		
d'horreur		
policier		
une comédie		
un thriller		
un documentaire		
une bande originale		
un sous-titre		
une affiche de film		
un premier / second rôle		
Produire un film		
un réalisateur / une réalisatrice		
un producteur / une productrice		
une distribution		
un script / un scénario		
Monter un film		
un montage		
un découpage		
des effets spéciaux		
un doublage		
un fond sonore		
mixer, un mixage		
Filmer		
tourner un film		
une caméra		
un décor		
un éclairage		
un costume		
un lieu de tournage		
une anticipation		
un flash-back	angl. : flashback	Rückblende
un ralenti		
L'équipe		
un caméraman		
un acteur / une actrice		
un/e scénariste		
un maquilleur / une maquilleuse		
un/e figurant/e		
un cascadeur / une cascadeuse		

ISBN 978-3-12-598447-9

Pour analyser un film

Le cadrage : les plans de la caméra

Le plan d'ensemble
une vue générale, le cadre de l'action

Le plan moyen
un personnage au complet avec un peu d'arrière-plan

Le plan rapproché
le visage et le buste ou la partie d'un objet

Le gros plan
p.ex. le visage ou un objet entier

Le très gros plan / Le détail
un détail du corps ou d'un objet

Les mouvements de la caméra

Le plan fixe
la caméra ne bouge pas

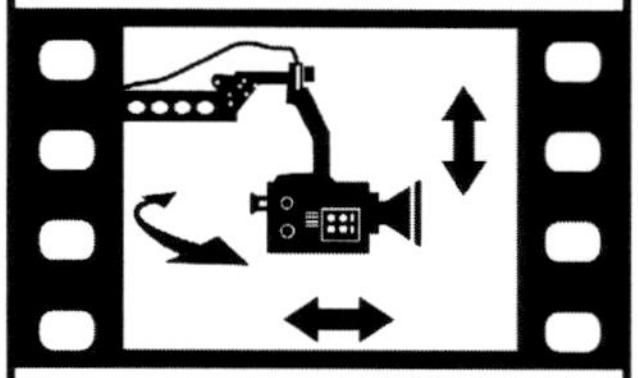

Le panoramique
la caméra reste au même endroit et, de là, « balaie » la scène en tournant sur son axe

Le travelling (haut/bas, gauche/droite)
la caméra bouge dans une direction spécifique

Le travelling latéral
la caméra bouge sur des rails vers la gauche ou la droite

Le zoom (avant/arrière)
la caméra va vers / s'éloigne d'une personne ou d'objet

Les positions de la caméra

Le champ
la caméra filme dans une direction

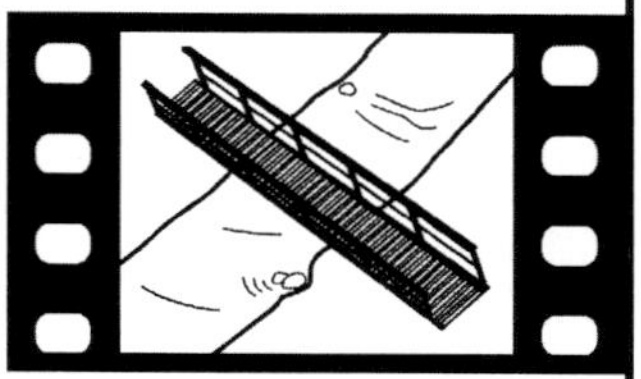

Le vol d'oiseau
la caméra survole la scène de très haut

La caméra subjective
la caméra montre ce que voit une personne

Le contre-champ
la caméra filme dans l'autre direction (souvent pour filmer les personnes qui participent à une conversation)

Les perspectives de la caméra

La plongée
la caméra filme du haut et donne une vue vers le bas

L'angle normal / La perspective neutre
la caméra est à la hauteur de l'objet filmé

La contre-plongée
la caméra filme du bas et donne une vue vers le haut

ISBN 978-3-12-598447-9

Une France multiculturelle

1. *Décrivez les photos ci-dessous et expliquez en quoi elles représentent une France multiculturelle.*
2. *Faites un filet à mot sur le mot « multiculturel ».*

ISBN 978-3-12-598447-9

L'histoire de l'immigration

1. Lisez le texte puis complétez la frise chronologique.

La France a toujours été une terre d'accueil. Elle a un pouvoir d'attraction pour des personnes immigrant aussi bien pour des raisons politiques (guerres, absence de liberté d'expression…) que pour des raisons économiques (faim, maladies, sécheresse, pauvreté…).

De la fin du XIXe siècle jusqu'à la Seconde Guerre Mondiale, la France a besoin de travailleurs immigrés, venant principalement d'Europe, en raison d'une crise démographique.

Ce phénomène s'accentue après la guerre : l'ONI (Office National de l'Immigration) doit aller chercher des travailleurs dans les pays étrangers, les faire venir et les installer en France. En effet, il faut des travailleurs pour reconstruire le pays : ils sont nécessaires aux « Trente Glorieuses », période de forte croissance économique entre 1947 et 1974. Les travailleurs immigrés exercent alors souvent des métiers pénibles, non qualifiés. Cette première génération d'immigrés concerne principalement le Portugal, l'Italie et la Pologne.

À partir des années 60, l'immigration change : le nombre d'immigrés venant d'Europe devient moins important au profit de travailleurs la plupart du temps originaires d'anciennes colonies du Maghreb (Algérie, Maroc), d'Afrique subsaharienne mais également d'Asie (Indochine).

Dès 1974, un changement radical a lieu dans la politique d'immigration en raison de la crise économique mondiale. On cherche alors à limiter l'immigration aux pays de la CEE (Communauté Économique Européenne) et aux réfugiés politiques. Dans le même temps, le droit au regroupement familial va permettre l'entrée sur le territoire de femmes et d'enfants de travailleurs. Face à cette arrivée d'immigrés, on construit rapidement des HLM dans des quartiers ou des villes de banlieues où se développent souvent la pauvreté, le chômage et l'insécurité.

Actuellement, environ 5 millions de personnes résidant en France sont nées à l'étranger, pour une population totale d'environ 64 millions.

La nouvelle loi sur l'immigration et l'intégration du 20 juillet 2006 favorise « une immigration choisie », c'est-à-dire selon les besoins économiques de la France et selon le métier des immigrés.

4 **la sécheresse** → sec – 12 **la croissance** le développement – 23 **un réfugié** une personne qui a fui son pays – 24 **le regroupement familial** le fait de réunir les membres d'une famille – 26 **HLM** (= habitation à loyer modéré) Sozialwohnung – 27 **le chômage** le manque de travail

Qui ? (pays d'origine)				
Quand ?				
Pourquoi ?				

2. Expliquez le concept d'immigration choisie et donnez votre avis.

Klett

ISBN 978-3-12-598447-9

Statistiques sur l'immigration

Observez ces différentes statistiques et analysez-les : quelles informations obtient-on sur les immigrés (pays d'origine, naturalisation, nombre d'enfants) ?

I Les immigrés selon leur pays de naissance

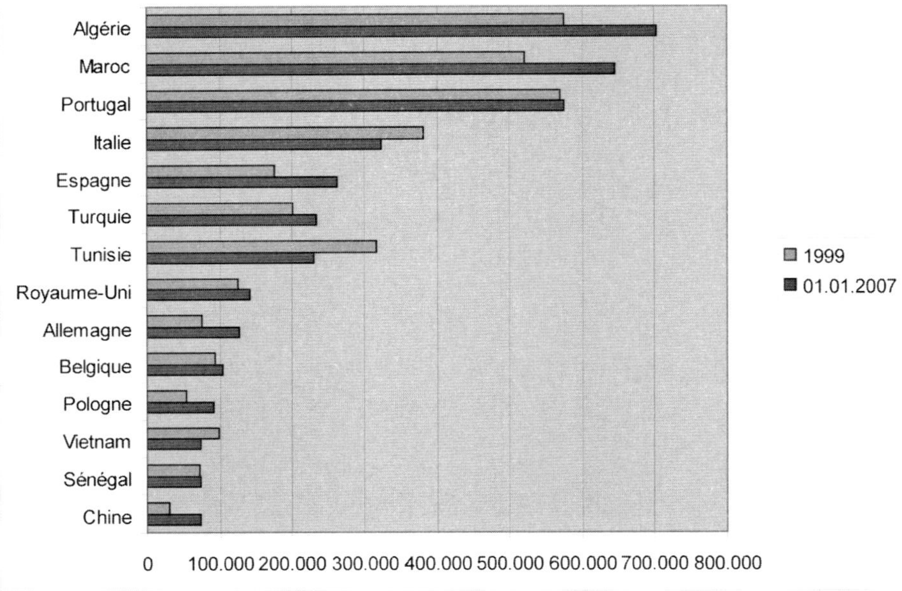

Source : Insee, Recensements de la population.

II Acquisitions de la nationalité française

	2000	2004	2008	
				en %
Acquisitions par décret	77.478	99.387	91.918	68,0
par naturalisation	68.750	89.739	84.323	62,4
par réintégration	8.728	9.648	7.595	5,6
Acquisitions par déclaration anticipée	35.883	29.872	25.639	19,0
Acquisitions par mariage	26.056	34.440	16.213	12,0
Autres déclarations d'acquisition et de réintégration	2.038	1.441	1.347	1,0
Total des acquisitions	**141.455**	**165.140**	**135.117**	**100,0**

Source : Sous-direction de la statistique et des études (SDSE).

III Naissances selon la nationalité des parents (en %)

	1994	1998	2002	2005	2006	2007	2008
Les deux parents français	81,2	85,4	83,1	81,2	80,9	80,7	80,4
Un parent français, un parent étranger	5,7	8,0	9,9	11,7	12,1	12,4	12,7
Les deux parents étrangers	7,6	6,6	7,0	7,1	7,0	6,9	6,9
Total des naissances (en milliers)	**740,8**	**767,9**	**792,7**	**806,8**	**829,4**	**818,7**	**828,4**

Source : Insee, statistiques de l'état civil (NATTEF02233).

ISBN 978-3-12-598447-9

Le port du voile en France

1. *Présentez des raisons pour lesquelles des femmes se voilent.*

2. *Formez deux groupes. Chaque groupe a une tâche :*
   I) Recherchez sur Internet des extraits de loi sur le port du voile en France.
   II) Cherchez la définition du mot « laïcité ». Expliquez ce que cela signifie pour la société française et comparez à l'Allemagne.

3. *Complétez le tableau ci-dessous.*

Quelle position l'État français a-t-il sur le port du voile ?	
Expliquez en quoi la France est un pays laïc et donnez des exemples. Comparez à l'Allemagne.	

4. *a) Relevez des arguments pour ou contre le port du voile et notez-les dans le tableau.*

Pour	Contre

b) Simulez une émission de télévision et discutez du thème suivant : « Le port du voile constitue-t-il un signe de non intégration à la culture du pays d'accueil ? ».

ISBN 978-3-12-598447-9

L'interdiction du voile intégral

Lisez l'article de journal ci-dessous et résumez les idées importantes.

Le Conseil constitutionnel valide la loi sur le voile intégral dans l'espace public

PARIS (AP) — Le Conseil constitutionnel a validé jeudi la loi destinée à interdire le port du voile intégral - niqab et burqa - dans l'espace public, qui prévoit notamment une amende de 150 euros en cas de violation de cette interdiction. Il émet une réserve, concernant l'application du texte dans les lieux de culte ouverts au public.

Les Sages avaient été saisis par les présidents de l'Assemblée nationale et du Sénat sur la loi interdisant la dissimulation du visage dans l'espace public.

Le texte stipule que « nul ne peut, dans l'espace public, porter une tenue destinée à dissimuler son visage ». Elle définit l'espace public comme « constitué des voies publiques ainsi que des lieux ouverts au public ou affectés à un service public ».

Tout en jugeant la loi conforme à la Constitution, le Conseil constitutionnel a cependant émis une réserve: les Sages ont ainsi jugé que « l'interdiction de dissimuler son visage dans l'espace public ne saurait restreindre l'exercice de la liberté religieuse dans les lieux de culte ouverts au public ».

Le texte crée aussi un nouveau délit, destiné à punir toute personne qui impose à une femme de porter le voile intégral par « menace, violence, contrainte, abus d'autorité ou abus de pouvoir »: la peine encourue sera d'un an d'emprisonnement et de 30.000 euros d'amende, une sanction doublée si la jeune fille concernée est mineure.

Cette décision constitue « un véritable événement politique et juridique », estime le député Jean-Paul Garraud, rapporteur UMP du projet de loi.

« À l'ordre public classique basé sur la sécurité, la tranquillité et la salubrité publique, s'ajoute à présent l'ordre public sociétal basé sur le vivre ensemble et le respect des valeurs fondamentales de notre démocratie qui ne peut se vivre qu'à visage découvert », souligne-t-il dans un communiqué.

« Cette consécration permettra dans l'avenir, si cela est nécessaire, d'empêcher par le droit toute dérive communautariste qui tenterait de combattre nos valeurs et de porter atteinte à l'unité de la Nation », poursuit-il.

Le Premier ministre François Fillon a estimé que cette validation était une « décision importante pour l'affirmation des valeurs de la République, dans le respect de la liberté de conscience et de religion ». Il rappelle que « l'interdiction de la dissimulation forcée du visage entrera en vigueur dès la promulgation de la loi » mais qu'« un délai de six mois a été prévu par le législateur pour préparer la mise en œuvre de l'interdiction ». AP

publié sur nouvelobs.com, 07/07/10 © Associated Press

1 **le Conseil constitutionnel** Verfassungsrat – 2 **le voile intégral** la burqa - 4 **valider une loi** confirmer, autoriser, accepter une loi – 6 **notamment** surtout – 7 **une amende** Strafe – 7 **la violation** (d'une loi) ≠ le respect (d'une loi) – 8 **émettre une réserve** Vorbehalt äußern – 11 **les Sages** *ici : les membres du conseil constitutionnel* – 11 **saisir qn** anrufen (ein Gericht, Rat…) – 13 **la dissimulation** le fait de cacher qc – 15 **stipuler** faire savoir, déclarer, dire – 20 **affecté à qc** qui concerne qc – 27 **un lieu de culte** un endroit où l'on peut pratiquer sa religion – 29 **punir qn** → une punition – 29 **imposer à qn de faire qc** obliger qn à faire qc – 31 **une contrainte** Zwang - 37 **constituer** représenter, être – 37 **véritable** réel – 39 **un rapporteur** *ici :* Berichterstatter – 39 **l'UMP** (Union pour un Mouvement Populaire) parti politique de droite – 40 **un projet de loi** Gesetzentwurf – 41 **basé sur** gestützt auf – 42 **la tranquillité** → tranquille – 43 **la salubrité publique** Hygiene und öffentliche Gesundheit – 44 **sociétal** → société – 49 **une consécration** un triomphe – 51 **une dérive communautariste** tendance à se replier sur sa communauté d'origine – 53 **porter atteinte à qc/qn** menacer qc/qn – 62 **entrer en vigueur** in Kraft treten – 62 **la promulgation** öffentliche Bekanntmachung – 64 **le législateur** Gesetzgeber – 64 **la mise en œuvre** Umsetzung

ISBN 978-3-12-598447-9

Intégration difficile

1. *Cherchez une définition du mot « intégration » dans un dictionnaire. Qu'est-ce que cela signifie dans une société ?*

____

____

____

Tahar Ben Jelloun, *Au pays* (2009)

Mohamed, immigré marocain vivant en France, doit prendre sa retraite mais n'en a pas envie. Il fait le bilan de sa vie et décide de construire une maison au Maroc pour y rassembler ses enfants. Ces derniers ont un autre point de vue que leur père, religieux et traditionnel.

« Quarante ans de présence en France ne l'avaient pas changé. Il était resté intact. Pas le moindre pli, impeccable, pas même une minuscule influence. Il était naturellement, hermétiquement fermé. Rien de la France ne trouvait de place dans son cœur, dans son âme. Ce n'était même pas une décision réfléchie, débattue. C'était ainsi, et rien ne pouvait le changer. Ils étaient des millions comme lui. Ils arrivaient en terre d'immigration comme blindés, surtout pas de mélange, ils ont leur vie, leurs mœurs, et nous avons les nôtres. Chacun chez soi et pas d'intrusion ou d'ingérence. Il ne faisait même pas d'effort pour repousser ce qu'il appelait les contaminations de Lafrance sur lui. Il était étranger, totalement inatteignable. Le bled et ses traditions l'habitaient tout en l'éloignant de la réalité. Il était dans son monde, et vivait sans trop se poser de questions. Il ramenait tout à l'islam. Ma religion est mon identité, je suis musulman avant d'être marocain, avant de devenir immigré ; l'islam est mon refuge, c'est lui qui me calme et me donne la paix ; c'est la dernière religion révélée, elle est arrivée pour clore un long chapitre que Dieu a commencé il y a très longtemps. Ici, ils ont leur religion et nous avons la nôtre. Nous ne sommes pas faits pour eux et ils ne sont pas faits pour nous. Le contrat est clair, je travaille, ils me payent, j'élève mes enfants et puis un jour tout le monde rentre à la maison, oui, la maison c'est mon pays, ma patrie. » (p.146-147)

2 **le moindre** le plus petit – 2 **un pli** Falte – 2 **impeccable** tadellos – 2 **minuscule** très petit – 3 **hermétiquement** *ici :* parfaitement – 4 **l'âme** *f* Seele – 5 **débattu** qui a été discuté – 7 **blindé** gepanzert – 8 **les mœurs** *fpl* les coutumes, les traditions – 9 **l'intrusion** *f* Eindringen – 9 **l'ingérence** *f* intervention – 10 **une contamination** Ansteckung – 11 **un bled** *ici :* village natal – 11 **inatteignable** inaccessible – 13 **ramener qc à qc** *ici :* réduire qc à qc – 15 **un refuge** Zuflucht, Halt – 16 **clore** terminer – 21 **la patrie** Heimat, Vaterland

2. *Relevez les adjectifs employés dans le texte pour décrire le comportement de Mohamed vis-à-vis de la France.*
3. *Comment le protagoniste définit-il son identité ?*
4. *Pour quelles raisons et dans quel but a-t-il émigré en France ? En quoi peut-on dire que l'intégration de Mohamed en France est problématique ?*
5. *Discutez de la question de société suivante : Dans quelle mesure l'intégration des immigrés et de leur descendance est-elle réalisable ? Quelles en sont les limites?*

ISBN 978-3-12-598447-9

Intégration réussie

Afrik.com

Malamine Koné : « Pour réussir il faut d'abord avoir envie de réussir »
Le patron d'Airness se confie à Afrik

[...] Avec une désormais célèbre panthère comme logo, la marque s'impose, en France, comme l'un des grands équipementiers dans le domaine du football et équipe déjà trois clubs français de Ligue 1. Son créateur, le Franco-malien Malamine Koné, est un *self made man* des temps modernes. Arrivé en France à 10 ans de son Mali natal, il a grandi en cité entourée du béton des tours. À 34 ans, il est aujourd'hui un chef d'entreprise emblématique pour tout ce qu'il représente. [...]

Afrik.com : Comment a commencé l'aventure Airness ?
Malamine Koné : Au départ, je voulais entrer dans la police. Avec mon Deug de droit, je voulais devenir inspecteur. Mais en 1995 j'ai eu un accident de voiture qui m'a valu 12 opérations au genou. Fini mes ambitions dans la police ou même dans la boxe. Il a fallu que je rebondisse. Alors j'ai décidé de me lancer en 1999 dans la création d'une marque de sport : Airness.
[...]

A. : Comment réagissait-on au départ face à vos ambitions avec Airness ?
M. K. : On m'a traité de fou quand j'ai commencé. Fou de m'attaquer à un milieu monopolisé par les multinationales comme Adidas, Nike ou Puma. Mais je voulais me prouver certaines choses et prouver, même si ça peut faire cliché aujourd'hui, qu'on pouvait sortir de la banlieue avec du travail et de l'abnégation.
[...]

A. : Vous êtes désormais une importante personnalité en France, au Mali et ailleurs. Ne perd-on pas, dans cette déférence qu'on vous montre, le sens des réalités ?
M. K. : Je garde toujours le contact avec le terrain. Que ce soit ici ou là-bas. Je suis toujours dans la cité, ma salle de musculation est toujours à Saint-Ouen, en banlieue parisienne. Quand je retourne au Mali, je vais toujours au village, je mange toujours à la main. C'est comme ça que j'ai grandi. Après, c'est une question d'éducation. Je pense connaître les vraies valeurs de la vie. Je ne mets pas de barrière entre les gens et moi, car nous sommes finalement tous pareils.
[...]

A. : Estimez-vous être un modèle de réussite pour les Noirs en France ?
M. K. : Je suis un modèle parmi d'autres, il y en a beaucoup qui ont réussi. [...] Je cherche désormais à passer un message. Aujourd'hui, la solidarité entre Afros n'existe pas alors qu'elle existe dans beaucoup d'autres communautés. Et j'aimerais que ma réussite puisse contribuer à changer les choses. J'ai réussi, mais il faut que les gens sachent qu'on est toujours ensemble.

ISBN 978-3-12-598447-9

A. : Vous considérez-vous comme français, malien ou franco-malien ?
M.K. : Je sais d'où je viens. Je suis né dans le village de Niéna, près de Sikasso. Je suis arrivé en France à l'âge de 10 ans. Je remercie la France de m'avoir accueilli et de m'avoir donné une chance, mais je suis Malien avant tout.

A. : Comment réagissent vos parents quant à votre réussite ?
M.K. : Mon père est très fier. Il se dit qu'il n'a pas souffert pour rien. Lui qui a traversé le désert algérien pour venir en France. Il est arrivé à l'époque de la reconstruction, juste après la guerre, quand la France avait besoin des immigrés. Il ne parlait que bambara, il a tout appris sur le tas. Quand mon père voit ce qui se passe au Maroc, qui lâche les immigrés dans le désert promis à une mort certaine, il pleure. Parce qu'il est passé par là et qu'il ressent toute la détresse de ces gens.
[...]

© Afrik.com / David Casasse, 25/11/2005

3 **se confier à qn** raconter qc de personnel à qn – 4 **désormais** maintenant – 5 **un équipementier** une entreprise qui fait des équipements sportifs – 7 **un Malien** une personne qui vient du Mali – 8 **natal** où l'on est né – 10 **emblématique** symbolique, représentatif – 12 **un Deug** un diplôme universitaire (2 ans après le baccalauréat) – 14 **valoir qc à qn** avoir pour conséquences – 15 **rebondir** *ici :* réagir – 21 **une multinationale** une entreprise présente dans plusieurs pays – 24 **l'abnégation** *f* Opferbereitschaft – 30 **une salle de musculation** un club de fitness – 36 **estimer** *ici :* penser, trouver – 47 **accueillir** recevoir

1. *Montrez en quoi Malamine Koné est un modèle d'intégration réussie.*

____

____

____

____

____

✎ 2. *Ein sportbegeisterter Freund hat diesen Artikel über den Chef der Sportbekleidungsfirma Airness gefunden. Da er kein Französisch kann bittet er Sie, ihm zu erzählen, woher Malamine Koné stammt, wie er es zum Erfolg gebracht hat und wie seine Einstellung dazu ist.*

ISBN 978-3-12-598447-9

L'immigration : difficultés et chances

1. *Trouvez des raisons pour lesquelles des personnes quittent leur pays pour s'installer dans un autre. Relevez les problèmes, mais aussi les possibilités qu'elles peuvent rencontrer dans le pays d'accueil.*

a) Les causes :

Qui ? ______________________________

Où ? ______________________________

Pourquoi ? ______________________________

b) Les difficultés des personnes d'origine étrangère dans le pays d'accueil :

____

____

____

c) Les possibilités des personnes issues de l'immigration :

____

____

____

2. *En quoi les immigrés sont-ils un enrichissement pour le pays d'accueil dans lequel ils vivent ?*

3. *Reliez les personnalités ci-dessous à leur(s) pays d'origine ou le pays d'origine de leurs parents. Qu'ont-elles en commun ?*

Nicolas Sarkozy	Zinedine Zidane	Rachida Dati	Yannick Noah

Cameroun	Hongrie	Algérie	Grèce	Maroc

ISBN 978-3-12-598447-9

Module 2 : Welcome

Einführung

1. Steckbrief

Genre:	Drama
Regisseur:	Philippe Lioret
Drehbuch:	Philippe Lioret, Emmanuel Corol, Oilvier Adam
Produktion:	Christophe Rossignon
Schnitt:	Andréa Sedlackova
Hauptdarsteller:	Simon: Vincent Lindon
	Bilal: Firat Ayverdi
Kinostart:	11/03/2009
Auszeichnungen:	Ökumenischer Preis der 59. Berlinale 2009 Lux Filmpreis 2009 (Preis des Europäischen Parlaments) Verleihförderpreis und Preis der Schülerjury bei den 26. Französischen Filmtagen Tübingen/Stuttgart 2009 Label Europa Cinemas 2009 Prix Lumière 2010
FSK:	ab 12 Jahren

2. Der Regisseur

Philippe Lioret wurde am 10.10.1955 in Paris geboren. In den 80er Jahren begann er in der Filmbranche zu arbeiten, zunächst als Toningenieur, bevor er Regisseur wurde und auch als Co-Drehbuchautor tätig wurde.

Regie	Kurzfilme: 2005 *Tue l'amour / Vache-qui-rit* 1995 *1, 2, 3, lumières !* 1994 *La Sirène* 1984 *Tout doit disparaître* Spielfilme: 2009 *Welcome* 2006 *Je vais bien, ne t'en fais pas* 2004 *L'équipier* 2001 *Mademoiselle* 1997 *Tenue correcte exigée*
Drehbuch	2009 *Welcome* 2006 *Je vais bien, ne t'en fais pas*

3. Rezeption des Films

Welcome handelt von der zufälligen Begegnung zwischen dem jungen kurdischen Flüchtling Bilal und dem Schwimmlehrer Simon, der durch ihn mit der Problematik der illegalen Einwanderer in Kontakt kommt.

Nach dem Kinostart löste *Welcome* in Frankreich eine neue Diskussion über das so genannte *délit de solidarité* („Solidaritätsdelikt", Bestrafung der Unterstützung eines illegalen Einwanderers bei Einreise, Weiterreise und Aufenthalt) aus. Ein daraufhin eingebrachter Gesetzentwurf zur Entkriminalisierung des *délit de solidarité* wurde im Mai 2009 vom Parlament abgelehnt. Zuvor wurde den Abgeordneten eine Vorführung des Films *Welcome* im Palais Bourbon angeboten.

Kontrovers diskutiert wurden auch die Äußerungen Philippe Liorets, der das Schicksal der illegalen Einwanderer mit dem der Juden während des 2. Weltkrieges verglich. Eric Besson, der Minister für Immigration, beschuldigte Lioret, er sei mit diesen Äußerungen zu weit gegangen.

Das Europäische Parlament würdigte den Film mit der Verleihung des Filmpreises Lux, der mit der Übersetzung und Untertitelung des Films in die 22 Amtssprachen der EU verbunden ist und somit seine Verbreitung und Bekanntheit fördert.

4. Szenenprotokoll

Nr.	**Titel** Inhalt	Laufzeit
1	« **À Londres demain** » Bilal vient d'arriver à Calais. Il appelle le frère de sa petite amie Mîna pour lui dire qu'il sera bientôt chez elle, en Angleterre. Il rencontre des réfugiés, les suit près du port où des bénévoles leur distribuent des repas. Là, il retrouve Zoran, un ami d'enfance. Ils trouvent un passeur et essaient de rejoindre l'Angleterre, cachés dans un camion. Lors du contrôle CO_2, Bilal retire le sac en plastique qu'il avait sur la tête. Alors, la douane les repère et les arrête.	00:00:00 - 00:13:44
2	« **Il faut rentrer chez vous.** » Les sans-papiers passent devant un tribunal où on leur écrit un numéro sur la main. Bilal n'est pas reconduit à la frontière car il vient d'Irak, un pays en guerre. À la piscine, il rencontre Simon qui lui apprend à nager le crawl.	00:13:45 - 00:22:51
3	« **Quel âge as-tu ?** » Au supermarché, Simon rencontre Marion, son ex-femme. Celle-ci s'indigne de l'interdiction faite aux clandestins de rentrer au supermarché. Elle s'offusque de l'indifférence des gens. Simon continue à entraîner Bilal même s'il lui déconseille de traverser la Manche. En sortant du travail, il voit Bilal et Zoran dans la rue et les prend en voiture.	00:22:52 - 00:34:11
4	« ***Manchester United*** » Simon les invite à manger et dormir chez lui. Il continue à vouloir dissuader Bilal de son projet. Au milieu de la nuit, il découvre ce dernier dans la cuisine avec un sac en plastique sur la tête. Craignant une tentative de suicide, il s'emporte. En venant récupérer ses affaires, Marion découvre les deux sans-papiers et met Simon en garde des risques qu'il encourt.	00:34:12 - 00:44:18
5	« **Situation irrégulière** » Simon est convoqué au commissariat, mais nie les faits, à savoir héberger des clandestins. Après, il emmène Bilal nager en mer afin de le confronter à la réalité. Marion prévient Simon que la police commence à arrêter des bénévoles et qu'il risque la prison s'il persiste à héberger des sans-papiers. Bilal parle de Mîna à Simon. Simon et Marion divorcent.	00:44:19 - 00:53:25

6	« **Je ne veux plus te voir ici.** » Découvrant que Bilal a dormi à la piscine, Simon le met dehors. Zoran dit à Bilal que personne ne veut plus passer avec lui. Un homme frappe Bilal pour se venger de l'échec de la traversée clandestine. Simon emmène Bilal chez lui pour le soigner. Pensant que Bilal est un voleur, il le force à mettre un sac en plastique sur la tête. Bilal, choqué, s'en va.	00:53:26 – 01:03:43
7	« **Les clandestins dans l'immeuble** » Simon le rattrape et le ramène chez lui. Ensuite, Mîna appelle pour lui dire que son père veut la marier. Simon réconforte Bilal et lui donne une bague pour sa fiancée. Le lendemain, la police, alertée par un voisin, recherche des clandestins chez Simon mais Bilal n'est plus là. Simon voit que sa combinaison a disparu et part à la recherche de celui-ci, en vain. Il alerte alors les garde-côtes.	01:03:44 – 01:07:54
8	« **Le petit bureau** » Marion passe chez Simon et lui remonte le moral car il est inquiet pour Bilal. Il lui avoue son amour et qu'il ne peut vivre sans elle. Ils font l'amour mais elle regrette et ne veut plus le voir.	01:07:55 – 01:16:39
9	« **Mise en examen** » Simon apprend au commissariat que Bilal a été retrouvé. Mais on l'accuse d'héberger des sans-papiers. Devant son silence, le policier le menace de faire tomber Marion. Alors, il avoue tout, puis il est placé sous contrôle judiciaire jusqu'au procès. Mîna téléphone mais Bilal est en centre de rétention provisoire. Elle demande à Simon de lui dire de ne pas venir la rejoindre.	01:16:40 – 01:24:41
10	« **La Manche** » Bilal décide de retenter de traverser la Manche à la nage. À 800 mètres des côtes anglaises, il se fait repérer par des garde-côtes anglais. Pour ne pas se rendre, il plonge et meurt noyé.	01:24:42 – 01:31:20
11	« **La bague** » En allant pointer au commissariat, Simon apprend que Zoran a probablement réussi à passer en vendant sa médaille, mais que Bilal est mort. Il récupère la bague de Marion. Il se rend à l'enterrement de Bilal. Ensuite, il part à Londres pour apprendre la vérité à Mîna qui lui répond que son mariage est dans 10 jours. Marion l'appelle pour lui dire de rentrer car la police le cherche.	01:31:21 – 01:39:58

5. Die Hauptfiguren

Simon :

- de taille moyenne, sportif, musclé, yeux vert-marron, cheveux châtains
- la quarantaine, divorcé, maître-nageur
- dépressif, perdu, lâche et courageux à la fois, généreux, bourru, maladroit
- a perdu espoir, se raccroche à la vie
- est toujours amoureux de son ex-femme, a du mal à exprimer ses sentiments et l'a laissé partir même s'il le regrette et tente de la récupérer
- s'attache à Bilal, fait tout pour le sauver, pense qu'il arrivera ainsi à se sauver lui-même
- en aidant Bilal, devient de plus en plus étranger à la société et à ses règles

Bilal :

- grand, musclé, sportif, yeux noirs, cheveux noirs
- 17 ans, kurde, originaire d'Irak, a traversé 4 000 km à pieds pour arriver à Calais dans l'espoir d'aller en Angleterre
- aime le foot, courir, nager
- poli, fidèle, débrouillard, intelligent, rusé, bien élevé
- droit, honnête, courageux, déterminé, reconnaissant
- cherche à rejoindre celle qu'il aime par tous les moyens, même en risquant sa propre vie, ne renonce jamais

Relation entre Simon et Bilal :
amitié, entraide, solidarité, respect, affection, tendresse, complicité, soutien, compréhension, attention, compassion

Marion :
- taille moyenne, mince, cheveux châtains, yeux verts
- professeur d'anglais, ex-femme de Simon
- engagée dans une association bénévole aidant les sans-papiers, courageuse, déterminée, généreuse
- aime toujours Simon mais ne peut plus vivre avec lui, veut l'aider et veille sur lui malgré tout

Mîna :
- taille moyenne, mince, brune, cheveux ondulés et noirs
- originaire d'Irak, vit avec sa famille à Londres où ils ont émigré
- timide, réservée, en retrait, soumise
- aime Bilal mais ne voit pas d'issue positive à leur histoire
- n'a pas le droit de faire ce qu'elle veut ni d'aimer qui elle veut, doit se soumettre aux décisions de son père, suivre la tradition et épouser un cousin, n'a pas le droit à la parole et ne peut donner son avis.

6. Hinweise zum Einsatz der nachfolgenden Unterrichtsvorschläge

Es ist empfehlenswert, dass Sie sich nach den vorbereitenden Aktivitäten *avant le visionnage du film* mindestens eine Doppelstunde Zeit nehmen, um mit den S den Film *en bloc* anzuschauen. Dadurch kann er als Gesamtwerk wahrgenommen werden. Anschließend lassen sich einzelne Schlüsselszenen detailliert analysieren.

Die Kopiervorlagen mit den Aktivitäten und die dazugehörigen Lehrerhinweise, die sie auf den folgenden Seiten finden, sind entsprechend dieser Vorgehensweise angeordnet. Neben der Analyse der Filmszenen gibt es einzelne Kopiervorlagen, die über den Inhalt des Filmes hinausgehen (KV 14 und 15). Diese sind als fakultativ anzusehen. Für den Abschluss der Unterrichtseinheit finden Sie einen Klausurvorschlag auf S. 55.

Lehrerhinweise zu Welcome

Avant le visionnage du film

Introduction au film

Kopiervorlage 10

Die S sollten die Kopiervorlage mit dem Filmplakat vor der Vorführung des Films bearbeiten. Ausgehend von der auf dem Plakat abgebildeten Szene und dem Filmtitel bilden sie Hypothesen über den Inhalt des Films. Daneben wird ihre Neugierde geweckt und eine Erwartungshaltung aufgebaut.

Ziel
- Filmplakat als visueller Impuls: Beschreibung und Analyse
- ausgehend vom Filmplakat und Titel Hypothesen über den Inhalt formulieren
- Darstellung der Vermutung zum Inhalt in einem Rollenspiel

Lösungsvorschläge
1. L'affiche montre deux personnes assises sur une plage de sable. À gauche, il y a un homme, d'environ 40 ans, qui cherche quelque chose dans un sac de sport. À droite, il y a un jeune homme en combinaison, assis de dos. Les deux hommes se regardent mais il y a un certain écart entre eux. L'arrière-plan de l'image est flou. On distingue la mer avec des vagues et un ferry-boat.
2. *réponses individuelles*
   (Les titres anglais ne sont pas courants en France. En raison de la politique linguistique conservatrice, on utilise surtout des titres français.)

3./4. *réponses individuelles*

Les protagonistes

Kopiervorlage 11

Vor der Filmvorführung werden Gruppen mit je 4 Teilnehmern gebildet (Stammgruppen). Jeder Teilnehmer erhält den Auftrag während der Filmvorführung eine der Hauptfiguren des Filmes (Simon, Bilal, Mîna, Marion) besonders aufmerksam zu beobachten und Notizen auf der KV zu machen. Nach der Filmvorführung werden Expertengruppen zu jeder Figur gebildet. Die Experten tauschen ihre Notizen aus und ergänzen diese gegebenenfalls. Anschließend kehren sie in ihre Stammgruppen zurück und präsentieren „ihre" Person. Jede Ausgangsgruppe verfügt nun über eine komplett ausgefüllte Tabelle zu jedem der 4 Protagonisten.

Ziel
- Charakterisierung der Hauptfiguren (Methode: Gruppenpuzzle)
- Informationen präsentieren

Lösungsvorschläge

Siehe Einführung zu *Welcome* (S. 29 / 30).

Après le visionnage du film en bloc

Nachdem der Film angeschaut wurde, kann die Handlung des Films entweder direkt im Anschluss oder in der folgenden Unterrichtsstunde mithilfe der auf KV 12 abdedruckten Bilder rekapituliert werden, bevor einzelne Szenen noch einmal angeschaut, detailliert analysiert und über den Film hinaus thematisch erweitert werden.

Kopiervorlage 12

Résumé en images

In Partnerarbeit bringen die S die Bilder in die richtige Reihenfolge, dabei tauschen sie sich über die Handlung und ihre Chronologie aus und füllen gegenseitig Verständnislücken. Anschließend verfassen sie schriftlich ein ausformuliertes Resümee (als Hausaufgabe).

Ziel

- Chronologie und Handlung des Films rekapitulieren
- Globalverständnis der Filmhandlung
- Textproduktion (*résumé*)

Lösungsvorschläge

1. F-B-E-C-A-D
   Image F : Bilal est un jeune réfugié kurde. Arrivé à Calais, il parle à d'autres réfugiés et leur raconte son plan.
   Image B : Mîna est déjà en Angleterre avec sa famille. Bilal essaie de l'appeler. Il raconte à son frère qu'il est en France et va bientôt venir en Angleterre.
   Image E : Bilal rencontre Simon et décide de prendre des cours de natation avec lui pour traverser la Manche et atteindre l'Angleterre.
   Image C : Simon offre la bague de son ex-femme à Bilal afin que celui-ci puisse en faire cadeau à Mîna.
   Image A : Simon décide de montrer à Bilal les vraies conditions de la traversée à la nage dans la Manche (froid, courants…) afin de l'en dissuader.
   Image D : Simon se trouve à Londres pour annoncer la triste nouvelle de la mort de Bilal à Mîna.
2. *réponses individuelles*

Pendant le visionnage de séquences

Kopiervorlage 13

Le travail des bénévoles

Der Roman *À l'abri de rien* von Olivier Adam, der als Co-Autor am Drehbuch zu *Welcome* mitwirkte, handelt von derselben Thematik wie *Welcome*: Die Protagonistin Marie kommt zufällig in Kontakt mit illegalen Einwanderern in ihrer Heimatstadt und beginnt, sich als freiwillige Helferin zu engagieren, was schließlich dazu führt, dass sie ihren Mann und ihre beiden Kinder immer mehr vernachlässigt. Einige Szenen des Romans bieten sich für einen Vergleich mit dem Film an. (Siehe auch Klausur zu *Welcome*, KV 24).

Die Schüler schauen zunächst die Filmszene (00:03:00 – 00:05:30) noch einmal an und beantworten Aufgabe 1. Anschließend lesen sie den Auszug aus dem Roman und bearbeiten die restlichen Aufgaben auf der Kopiervorlage.

Ziel
- Lesen eines Romanauszuges
- Beschreibung und Verständnis der Arbeitsbedingungen der ehrenamtlichen Helfer
- Vergleich zwischen einer Filmszene und einem Romanausschnitt

Lösungsvorschläge
1. Les clandestins vivent dans la misère, ils n'ont ni toit sur la tête, ni endroit pour se laver. Ils manquent de nourriture et de vêtements propres et chauds. Ils n'ont pas de papiers et subissent la violence d'autres clandestins ou des policiers.

2. a) Un bénévole aide les clandestins : distribution de nourriture et de vêtements, démarches administratives, soins médicaux, hébergement...
   b) Ils côtoient le malheur et la misère humaine. Ils ont des difficultés à communiquer avec des gens ne maîtrisant pas leur langue et se heurtent aux forces de l'ordre.

3. L'ambiance est tendue, silencieuse. Les clandestins sont regroupés par nationalité.

4. Dans le roman, la scène se déroule sous une tente tandis que dans le film, c'est à l'extérieur. Dans *Welcome*, il n'y a pas autant de groupes ethniques différents. Contrairement au roman, les sans-papiers du film n'ont aucun endroit où se poser, se reposer. Les deux œuvres montrent des conditions de travail similaires pour les bénévoles et des conditions de vie similaires pour les clandestins. Elles mettent en lumière le communautarisme ambiant et laissent peser un lourd silence.

Le délit de solidarité (fakultativ)

Kopiervorlage 14

Welcome erzählt eine fiktive Geschichte. Dennoch lassen sich einige Bezüge zur Realität feststellen. In dem Zeitungsartikel auf KV 14 geht es um das Engagement verschiedener Hilfsorganisationen, das *délit de solidarité* (Bestrafung der Beihilfe zur illegalen Einwanderung, Weiterreise und Aufenthalt) abzuschaffen. Ein entsprechender Gesetzentwurf, der nach der Veröffentlichung des Films *Welcome* eingereicht wurde, wurde im Mai 2009 abgelehnt.

Ziel
- Bezug zwischen dem Inhalt des Films und der Realität herstellen
- Lesen eines Zeitungsartikels und selektive Informationsentnahme
- Debattieren

Lösungsvorschläge
1. Afin de manifester leur mécontentement contre la loi de délit de solidarité, les militants se constituent prisonniers de manière volontaire.

2. Tout comme les aidants dont parle l'article, Simon subit des pressions policières. Il est convoqué au poste de police, a un contrôle de police chez lui, subit des menaces, doit pointer tous les jours au commissariat. Il encourt une peine de prison allant jusqu'à 5 ans ainsi qu'une amende de 30 000 euros.

3. *réponses individuelles*

Kopiervorlage 15

Calais (fakultativ)

Mithilfe der Aktivitäten auf KV 15 können die S den Handlungsort des Films kennen lernen und seine durch die geografische Lage gegebene besonderer Rolle erkennen.

Ziel

- Methodenkompetenz: Informationsbeschaffung im Internet
- landeskundliches Wissen erwerben
- Informationen mitteilen
- Textproduktion (*carte postale*)

Lösungsvorschläge

1. Nord-Pas-de-Calais

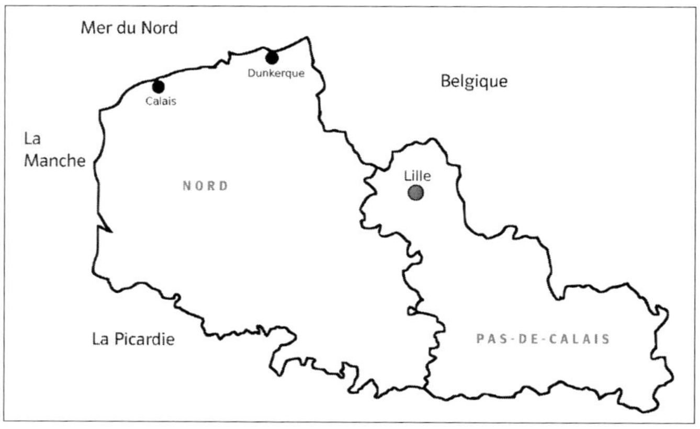

2. **la situation historique, économique et géographique de la région**
   - une région du nord de la France composée de deux départements
   - à l'ouest se trouve La Manche
   - la situation économique s'est aggravée après la Seconde Guerre Mondiale
   - le taux de chômage est très élevé

   le camp de Sangatte, sa fermeture et ses conséquences
   - camp de réfugiés de la Croix Rouge qui se trouvait à Calais
   - le camp a été fermé en 2002
   - depuis la fermeture les réfugiés ne sont plus fournis en produits alimentaires etc.

   la ville de Calais et son rôle symbolique pour les réfugiés
   - se trouve entre la Manche et la mer du Nord
   - il y a un grand port où des ferry-boats partent pour l'Angleterre
   - « salle d'attente » pour des milliers de réfugiés venant d'Iran, d'Afghanistan, de Somalie etc.

   la situation des sans-papiers à Calais et les conséquences de ce phénomène sur la ville
   - beaucoup de réfugiés n'arrivent pas à émigrer en Angleterre et doivent rester à Calais
   - les sans-papiers se cachent dans les dunes ; ils ont peur d'être expulsés

3. *réponses individuelles*

Le contrôle CO_2

Kopiervorlage 16
(+ Kopiervorlage 2)

Nachdem die S sich mit dem Beobachtungsbogen vertraut gemacht haben, schauen sie die Szene (00:09:00 – 00:14:32) an und füllen diesen aus. Als Hilfestellung dient ihnen KV 2. Anschließend werden die gesammelten Informationen ausgetauscht und ergänzt und die S diskutieren die Symbolik der (nicht nur in dieser Szene vorkommenden) Plastiktüte.

Ziel

- einen Beobachtungsbogen ausfüllen
- Hörsehverstehen trainieren: detaillierte Informationsentnahme
- die Filmszene im Hinblick auf Inhalt und filmische Mittel analysieren
- Bedeutung der Szene für den Gesamtzusammenhang begründen

Lösungsvorschläge

1.

NARRATION	**a) action (lieu, temps, intrigue)**
	– au poste de douane, à la frontière entre la France et l'Angleterre, contrôle des camions – la nuit – Bilal et d'autres sans-papiers essaient de passer clandestinement en Angleterre. Ils mettent leurs têtes dans des sacs en plastiques pour ne pas être détectés lors du contrôle CO_2 ; mais ils échouent. Un des jeunes meurt étouffé.
	b) personnages (apparence, gestes, communication)
	– Bilal et son ami ainsi que d'autres personnes ; ils sont habillés chaudement. – Ils chuchotent ou se taisent, se disputent. – Leurs gestes trahissent la peur, la souffrance physique.
OUTILS FILMIQUES	**c) caméra (plan, mouvements, position, perspectives)**
	– La caméra effectue des plongées et contre-plongées pour montrer les 2 niveaux : en haut du camion, là où l'air se trouve, en bas, où il n'y en a pas. – plan rapproché / gros plan sur les jeunes, Bilal et les autres, afin de montrer la peur et la souffrance
	d) symboles visuels
	le sac en plastique *(voir ci-dessous)*
	e) musique / son
	– bruit du trafic routier, du camion, des douaniers, des chiens qui aboient – La musique classique augmente la portée dramatique et tragique de cette scène.

2. Avec un sac en plastique, on a du mal à respirer. Cela symbolise les difficultés à survivre des clandestins. Le sac peut aussi symboliser l'exiguïté et l'étouffement. Il peut être un signe annonciateur de la mort de Bilal à la fin du film.

Kopiervorlage 17

Au tribunal

Nach der gescheiterten Überfahrt nach England werden Bilal und die anderen Flüchtlinge vor Gericht gestellt. Nachdem die S die Szene (00:16:00 – 00:17:08) noch einmal geschaut haben, beantworten sie die Fragen auf der KV.

Ziel

- Hörsehverstehen anhand einer ausgewählten Szene trainieren
- Erkennen der Lebensbedingungen der illegalen Einwanderer
- sich in Bilals Situation hineinversetzen
- Textproduktion (*monologue intérieur)*

Lösungsvorschläge

1. a)

Mimiques	Gestuelle	Réactions
- Il a le visage vide et une attitude passive. - Il a les yeux tristes, semble être intimidé et impressionné par le tribunal.	Tout au long de l'audience, il se tient droit, les mains posées sur le pupitre.	- Il acquiesce deux fois d'un hochement de tête aux questions du juge. - Quand son avocate prend la parole, il tourne le visage vers elle. - À la fin de l'audience, il est emmené par les policiers et quitte la salle du tribunal.

b) *réponses individuelles*

2. Bilal n'est pas reconduit à la frontière car il vient d'Irak, un pays en guerre. L'avocate appelle l'attention du juge sur le fait que Bilal est mineur et qu'il devrait aller à l'école. Le juge répond qu'il n'a pas le temps de s'en occuper.
3. *réponses individuelles*

Kopiervorlage 18

Les clandestins

Einzelne Personen(-gruppen) im Film repräsentieren unterschiedliche Haltungen und Reaktionen der Gesellschaft den Einwanderern gegenüber. Diese sollen in einer Tabelle übersichtlich dargestellt werden. Die Fragestellung bezieht sich auf den ganzen Film.

Ziel

- Nutzung eines einsprachigen Wörterbuches und/oder anderer Informationsquellen
- sich mit den Begriffen *sans-papiers* und *clandestins* auseinandersetzen
- die Einstellungen und das Verhalten einzelner Figuren(-gruppen) beschreiben
- seine eigene Meinung äußern und begründen

Lösungsvorschläge

1. Un clandestin est une personne illégalement entrée sur le territoire d'un pays. Un sans-papiers est une personne en situation irrégulière qui n'a pas de papiers d'identité parce qu'il est entré clandestinement dans le pays ou parce que son permis de séjour n'est plus valide. C'est pourquoi il est sans travail ou bien il travaille au noir (souvent mal payé). Le fait de ne pas avoir de papiers exclut le sans-papiers de la société.

2.

Protagonistes	Réactions	Motifs
Simon	aide, soutien, compréhension, amitié	veut plaire à son ex-femme et la reconquérir
Marion et les autres bénévoles	solidarité, acceptation de l'autre, aide	idéal politique, humain, solidarité, devoir moral
les employés du supermarché	mépris, rejet, agressivité	ordres du chef, pression des clients
le voisin de Simon	rejet, dégoût	racisme
la police	aucune compassion	doit arrêter les clandestins et suivre les ordres de sa hiérarchie

3./4. *réponses individuelles*

Manchester United

Kopiervorlage 19

Simon lädt Bilal und seinen Freund Zoran zu sich nach Hause ein. Die Szene kann als Beginn der Freundschaft zwischen den beiden Männern gesehen werden. Zeigen Sie den S die Szene (00:33:38 – 00:44:30) ohne die französischen Untertitel. Eine Transkription des englischen Dialogs zum Mit- bzw. Nachlesen finden sie auf der KV.

Ziel

- eine Szene in den Gesamtzusammenhang des Films einordnen
- Sprachmittlung / *médiation*
- die Gedanken und Eindrücke Bilals nachvollziehen können
- Kreatives Schreiben (innerer Monolog / Telefongespräch)

Lösungsvorschläge

1. Avant cette scène, Simon a fait la connaissance de Bilal et lui apprend à nager. Après cette scène, Simon va s'impliquer personnellement et aider Bilal, il va développer une relation d'amitié avec lui. Cette scène est importante car elle détermine Simon à vouloir sauver Bilal : il a fait plus ample connaissance avec le garçon et il est touché par son histoire.

2./3. *réponses individuelles*

Zusatzfrage

À quel moment du film parle-t-on encore une fois de « Manchester United » ?

Dans la dernière scène du film, Simon est dans un fast-food à Londres. Il y voit par hasard un match de foot de Manchester United, le club pour lequel Bilal rêvait de jouer.

Simon

Kopiervorlage 20

Welcome ist einerseits ein Film über das Schicksal eines jugendlichen Flüchtlings. Gleichzeitig spielt aber auch das Thema „Liebe" eine wichtige Rolle: Bilal möchte aus Liebe zu seiner Freundin nach England, um sie zu heiraten, während Simons und Marions Ehe am Ende ist. Vor der Bearbeitung der KV schauen die S sich noch einmal die Scheidungsszene (00:50:40 – 00:53:25) an.

Ziel

- sich mit einer Filmfigur und ihren Handlungsmotiven auseinandersetzen

Lösungsvorschläge

1. *réponses individuelles*
2. Simon est toujours amoureux de son ex-femme. Il ne voulait pas divorcer et espère encore la reconquérir. La séparation l'a détruit et conduit à la dépression.
3. Simon veut aider Bilal pour impressionner et attendrir son ex-femme Marion. Il veut lui montrer une autre facette de sa personnalité en espérant la reconquérir.

4./5. *réponses individuelles*

Kopiervorlage 21
(+ Kopiervorlage 2)

Le contrôle de police

Nachdem Simons Nachbar ihn mit Bilal im Treppenhaus gesehen hat, ruft er die Polizei, die eine Wohnungsdurchsuchung vornimmt. Die S schauen die Szene (01:07:56 – 01:09:38) an und füllen den Beobachtungsbogen aus. Dabei dürfte ihnen die Fußmatte des Nachbars auffallen, auf der *Welcome* steht. Ausgehend davon diskutieren die S über den (ironischen) Titel des Films.

Ziel

- die Filmszene im Hinblick auf Inhalt und filmische Mittel analysieren
- Beobachtungsbogen ausfüllen
- den Titel des Filmes interpretieren

Lösungsvorschläge

1.

NARRATION	**a) action (lieu, temps, intrigue)**
	Chez Simon, le matin, des policiers effectuent un contrôle de police.
	b) personnages (apparence, gestes, communication)
	- Simon est surpris, il s'emporte contre les policiers et le voisin, puis il est inquiet de ne pas trouver Bilal. - Les policiers sont déterminés à trouver des traces des clandestins que Simon est censé abriter chez lui.
OUTILS FILMIQUES	**c) caméra (plan, mouvements, position, perspectives)**
	- La caméra montre en plan rapproché Simon et ses réactions face à l'arrivée des policiers. - La perspective de la caméra est neutre et le plan est fixe.
	d) symboles visuels
	- le paillasson du voisin avec l'inscription « Welcome » - le cintre vide dans la salle de bain : Bilal a pris la combinaison pour traverser la Manche à la nage.
	e) musique / son
	La scène commence avec un coup de sonnette ; puis il y a des bruits de pas sur le plancher qui craque, des bruits de porte que l'on ouvre, des bruits de fouille ; à la fin on entend de la musique.

2. On voit à la fin de cette scène le paillasson du voisin avec l'inscription « Welcome ». Pourtant c'est le même voisin qui a tenu des propos racistes envers Bilal et son copain et qui a appelé les forces de l'ordre. Ses actes sont en contradiction avec l'inscription de son paillasson. Cela veut donc dire que les étrangers ne sont pas les bienvenus.

Mauvaises nouvelles

Kopiervorlage 22

Zur Bearbeitung der ersten Aufgabe schauen die S noch einmal die Szene, in der Simon erfährt, dass Bilal ertrunken ist (01:31:16 – 01:33:16). Anschließend schauen sie die letzte Szene des Films (01:34:10 – 01:40:00) und fassen deren Inhalt zusammen.

Ziel
- Textproduktion (*article de presse / scénario / lettre*)
- sich in die Lage einer Filmfigur hineinversetzen
- Resümieren einer Filmszene
- eine Handlungsalternative entwerfen und in einem Rollenspiel umsetzen

Lösungsvorschläge

1.

Propos du policier	Sentiments de Simon
« J'ai pas une très bonne nouvelle, Monsieur. » « Ici… Les Anglais nous l'ont renvoyé, dans un sac en plastique. » « Ils l'ont trouvé à 800 mètres des côtes, leurs côtes. C'est la première fois qu'il y en a un qui traverse comme ça. » « Il avait ça sur lui, je suppose que vous lui avez donné aussi. »	– la tristesse, la douleur, la souffrance, le deuil – le choc, la panique, l'étonnement, la désolation – le sentiment de culpabilité, d'impuissance, d'échec – le sentiment d'injustice, de colère, de rage

2. Après l'enterrement de Bilal, Simon part à Londres pour annoncer la nouvelle à Mîna. Celle-ci est très triste. Elle refuse de prendre la bague de Marion car son mariage avec son cousin est dans 10 jours. Marion appelle pour dire à Simon de rentrer car la police le cherche. Simon lui dit avoir retrouvé sa bague. En sortant du fast-food, il voit un match de foot de Manchester United, le club pour lequel Bilal voulait jouer.

3. *réponses individuelles*

Après le visionnage de séquences

Autour du film

Kopiervorlage 23

Ziel
- eine Filmkritik schreiben
- Methodenkompetenz: die S erstellen Notizen und nutzen diese später für die Textproduktion
- die politische Botschaft des Films bzw. des Regisseurs erkennen und diskutieren

Lösungsvorschläge

1. *réponses individuelles*

2. *réponses individuelles*

3. *réponses individuelles* (condamner les passeurs, assouplir la politique migratoire, assouplir les frontières…)

4. *réponses individuelles*

Introduction au film

1. *Décrivez l'affiche de « Welcome » à l'aide des mots ci-dessous.*

une palme Schwimmflosse – **une combinaison** *ici :* un vêtement pour faire de la plongée sous-marine – **un ferry** un bateau transportant des voyageurs / des marchandises

2. *À votre avis, pour quelles raisons le réalisateur a-t-il choisi un titre anglais ? Quel en est l'effet ? Est-ce courant en France ?*

___

___

___

___

3. *Le film parle de l'immigration. À partir de l'affiche et du titre du film, faites des hypothèses sur l'intrigue.*

___

___

___

___

4. *Observez les deux protagonistes sur l'affiche du film. Imaginez leur relation et essayez de deviner dans quel contexte ils se sont rencontrés. À deux, jouez la scène.*

ISBN 978-3-12-598447-9
Klett

Les protagonistes

1. *Formez des groupes de quatre personnes. Chaque personne se concentre sur un des quatre protagonistes (Bilal, Simon, Mîna, Marion) pendant le visionnage du film et prend des notes dans le tableau ci-dessous.*

nom du personnage	
apparence physique (âge, sexe, couleur des cheveux…)	
personnalité (centres d'intérêt, religion…)	
environnement social (nationalité, situation familiale, profession…)	
caractère (langage, attitude…)	

2. *Après le visionnage du film, formez des commissions d'experts pour chaque protagoniste. Comparez et complétez vos notes avec les autres membres du groupe. Puis retournez dans votre premier groupe et présentez « votre » personnage.*

ISBN 978-3-12-598447-9

Résumé en images

1. Remettez les images ci-dessous dans l'ordre chronologique et écrivez une ou deux phrases par image.

(A)

(B)

(C)

(D)

(E)

(F)

2. Résumez le film. Dans l'encadré ci-dessous, vous trouverez des consignes pour écrire un résumé.

- Ayez un style clair et simple (phrases courtes).
- Restez neutre (3e p. du présent, style direct), sans commentaires ni jugements personnels.
- Utilisez des mots charnières pour relier les différentes idées.
- Évitez de mentionner ce qui est secondaire (détails, exemples…).

ISBN 978-3-12-598447-9

Le travail des bénévoles

1. Après avoir regardé la scène à nouveau, décrivez l'état des clandestins, leurs conditions de vie et leurs problèmes.

Olivier Adam, *À l'abri de rien* (2007)

Marie vit avec son mari et leurs deux enfants dans une ville côtière du Nord. Après avoir perdu son travail, elle souffre de sa vie monotone. Un jour, elle croise par hasard des « Kosovars », des immigrés de l'Est et du Moyen-Orient dans un camp de réfugiés. Elle décide de les aider comme bénévole et commence à négliger de plus en plus sa propre famille.

Pendant deux heures j'ai fait que ça sans penser à rien d'autre : composer des plateaux et les tendre, noyée dans cette odeur de soupe écœurante, le ventre tordu par ce que je voyais. Vraiment c'était à frémir. À chacun je m'appliquais à lancer un bonjour, un mot gentil, un sourire mais la plupart ne répondaient pas, ils me regardaient à peine, leurs yeux étaient vagues et leurs dents abîmées. Je ne pouvais pas m'empêcher de détailler leurs joues crasseuses et creusées, constellées de marques, de boutons et de croûtes minuscules. Ils prenaient leurs plateaux et nous tournaient le dos avant d'errer au milieu des tables, cherchant quelqu'un à côté de qui s'attabler. Ils se regroupaient par nationalité, les Pakistanais sur la droite, les Afghans sur la gauche, les Kurdes juste à côté de nous et les Africains tout au fond, un peu à part. Assis sur des bancs d'école, voûtés et silencieux, ils mangeaient la tête baissée ou bien les yeux au plafond. Il régnait là-dedans un silence pesant, une tension palpable, un tapis de bruits de bouche, de murmures et de respirations, à peine troublé par celui des couverts. Ils étaient tellement peu nombreux ceux qui parlaient, qui en avaient encore la force, le courage ou simplement l'envie.

Quand le flot a fini par se tarir (…) Josy a commencé à circuler entre les tables. La plupart avaient fini de manger, mais sous la tente au moins ils étaient protégés du vent, de la pluie et des regards. Ils étaient assis. Et c'était propre. Au bout d'un moment elle leur a demandé de lever le camp.

Olivier Adam, *À l'abri de rien* © Éditions de l'Olivier, 2007, *Points*, 2008.

2 **noyé** ertrunken – 3 **écœurant** widerlich – 7 **crasseux** sale – 7 **creusé** hohl – 9 **errer** aller d'un côté et de l'autre sans but ni direction précise – 13 **voûté** gebeugt – 15 **palpable** évident, clair – 19 **un flot** *ici :* une foule, une grande quantité de personnes – 19 **se tarir** *ici :* disparaître

2. a) Lisez le texte ci-dessus et présentez les tâches d'un bénévole.

b) Imaginez les difficultés qu'il rencontre.

ISBN 978-3-12-598447-9

3. *Comment est l'atmosphère pendant le repas ? Décrivez les relations entre les clandestins.*

4. *Comparez l'extrait du roman à la scène du film. Dégagez les points communs et les différences.*

- *en opposition à / à l'opposé de*
- *contrairement à / au contraire de*
- *un point commun / une similitude est…*
- *en comparaison à*

ISBN 978-3-12-598447-9

Le délit de solidarité

Le délit de solidarité aux sans-papiers existe-t-il ?

« *Tous ceux qui aident de bonne foi un étranger en situation irrégulière doivent savoir qu'ils ne risquent rien* ». Le jour où 5 500 personnes veulent se constituer prisonnières pour avoir aidé des étrangers en situation irrégulière, Éric Besson, ministre de l'immigration, s'est voulu rassurant sur France Inter, mercredi 8 avril. Pour lui, le « délit de solidarité », tel que le qualifient les associations d'aide aux sans-papiers, est un « *mythe* ».

Selon Éric Besson, seuls deux bénévoles auraient été condamnés en vertu de l'article 622-1 du code de l'entrée et du séjour des étrangers et du droit d'asile, qui punit de cinq ans d'emprisonnement, et de 30 000 euros d'amende, « *toute personne qui aura, par aide directe ou indirecte, facilité ou tenté de faciliter l'entrée, la circulation ou le séjour irréguliers, d'un étranger en France* ». Ces deux bénévoles auraient d'ailleurs été condamnés « *avec dispense de peine (...) pour être entrés dans la chaîne des passeurs : en clair, ils avaient transporté des fonds, pris de l'argent à des étrangers en situation irrégulière pour le porter à des passeurs* » a précisé Éric Besson.

Contactées par Le Monde.fr, plusieurs associations expliquent être justement en train de recenser les condamnations. Si le chiffre de deux ne leur paraît pas forcément faux a priori, il s'agit selon elles d'un « *faux débat* ». « *Certes, les tribunaux, cléments, condamnent rarement des bénévoles en vertu de cet article* » explique Claire Rodier du Gisti (Groupement d'information et de soutien des immigrés), « *mais les interrogatoires, les interpellations, les gardes à vue sont innombrables* », poursuit-elle, citant plusieurs aidants qui ont dû faire face à des « *pressions policières* ». [...]

Une autre proposition de loi, déposée par des députés socialistes, vise à « *dépénaliser toute aide (entrée, séjour, transit) lorsque la sauvegarde de la vie ou l'intégrité physique de l'étranger est en jeu, sauf si cette aide a donné lieu à une contrepartie directe ou indirecte* ». Elle doit être débattue le 30 avril à l'Assemblée nationale. [...]

© lemonde.fr / Jean-Baptiste Chastand, 08/04/09.

2 **de bonne foi** *ici :* gutgläubig – 3 **en situation irrégulière** en situation illégale – 14 **en vertu de** selon – 27 **un passeur** qn faisant passer illégalement des sans-papiers dans un autre pays, contre de l'argent – 30 **recenser** *ici :* compter – 38 **une interpellation** *ici :* quand la police arrête qn – 38 **une garde à vue** une mesure qui permet à la police de garder une personne dans les locaux de la police pendant 24 ou 48 heures – 39 **innombrable** qu'on ne peut pas compter

1. *Pour quelles raisons les associations manifestent-elles ? Comment montrent-elles leur mécontentement ?*

2. *Faites un parallèle entre la situation de Simon et cet article de journal. Quels risques Simon encourt-il à aider Bilal ?*

3. *Divisez la classe en deux groupes. Un groupe cherche des arguments pour cette loi, l'autre contre. Puis simulez le débat à l'Assemblée nationale.*

ISBN 978-3-12-598447-9

Calais

1. *Voici une carte de la région Nord-Pas-de-Calais.*

a) *Inscrivez le nom de la mer, des 2 départements (Pas-de-Calais et Nord) et du pays limitrophe.*

b) *Placez ensuite les villes suivantes sur la carte : Calais, Dunkerque, Lille.*

2. *Formez 4 groupes. Chaque groupe choisit un des thèmes suivants et prépare les informations qu'il présentera aux autres groupes :*
   - *la situation historique, économique et géographique de la région*
   - *le camp de Sangatte, sa fermeture et ses conséquences*
   - *la ville de Calais et son rôle symbolique pour les réfugiés*
   - *la situation des sans-papiers à Calais et les conséquences de ce phénomène sur la ville*

3. *Un clandestin décide d'envoyer une carte postale à sa famille dans laquelle il parle de la ville, du temps, des habitants, de la région… Rédigez.*

ISBN 978-3-12-598447-9

Le contrôle CO_2

1. Regardez la scène et remplissez la grille de visionnage ci-dessous.

NARRATION	**a) action (lieu, temps, intrigue)**
	b) personnages (apparence, gestes, communication)
OUTILS FILMIQUES	**c) caméra (plan, mouvements, position, perspectives)**
	d) symboles visuels
	e) musique / son

2. Expliquez la symbolique du sac en plastique. Que représente-t-il ?

ISBN 978-3-12-598447-9

Au tribunal

1. Regardez encore une fois la scène au tribunal.

a) Pendant la scène, observez les mimiques, la gestuelle et les réactions de Bilal.

Mimiques	Gestuelle	Réactions

b) Ensuite, imaginez ses pensées sous forme de monologue intérieur.

2. Pourquoi Bilal n'est-il pas reconduit à la frontière ? Pour quelle raison l'avocate mentionne-t-elle son âge ?

____

____

____

____

____

____

3. Imaginez que Bilal raconte son histoire devant le juge. Racontez et imaginez les questions et les réactions du juge. Jouez la scène.

ISBN 978-3-12-598447-9

Les clandestins

1. *À l'aide du dictionnaire, donnez une définition du mot « clandestin ». Décrivez le statut d'un « sans-papiers ».*

____

____

2. *Relevez les différentes attitudes et réactions des personnages face à ces clandestins et complétez le tableau ci-dessous.*

Protagonistes	**Réactions**	**Motifs**
Simon		
Marion		
Les bénévoles		
Les employés du supermarché		
Le voisin de Simon		
La police		

3. *Comment réagiriez-vous si jamais beaucoup d'immigrés clandestins arrivaient dans votre ville ?*

4. *« La France ne peut pas porter toute la misère du monde sur ses épaules. » Commentez et discutez cette formule.*

ISBN 978-3-12-598447-9

Manchester United

1. *Regardez cette scène encore une fois et ordonnez-la dans l'action du film : résumez ce qui précède et ce qui suit, puis expliquez-en la fonction et l'importance.*
2. *Étant donné que Bilal et Zoran ne maîtrisent pas la langue française, Simon est obligé de leur parler en anglais.*
   a) Lisez le dialogue ci-dessous.

S : You like Pizza?
B : Yes
S : Sit down.
S : Seven degrees tomorrow, no good for swimming
Z: You?
S: Yes.
B: You are a champion?
S: No. What do you want to drink? Beer, wine, water?
Z: Beer, yes.
B: A water.
Z: Gold, Sir?
S: Hein?
Z: Sir, a gold medal?
S: Yes. Laisse ça. Allez. Sit down.
S: How long did it take to come from Iraq?
B: Three months.
S: Three months?
B: Yes.
S: By walking?
B: Hm.
S: And you left because of war?
B: To send money to our family. Yes.
S: How are you sure to find a job in England?
Z: A job?
S: Yes.
[…]
B: His brother works in a supermarket in London. He'll find a job for him.
S: And you?
B: I'll find
S: What do you want to do?
B: Football.
S: You want to play football in England?
B: Yes, there are many famous clubs. I'll try to join. Inch' Allah.
Z: Him, good player. Fast. Bazda
B: In Mossoul they called me Bazda. The runner. At my home, I win cups like you, 10 maybe.
S: So you are a champion?
B: My favourite club is Manchester. Machester United. You know? Beckham, Ronaldo, they are the best. I'll try to play there.
[…]
S: You must forget to swim across, you know? People who do this are very good swimmers. They they do it in summer with a good equipment and a team on a boat. No idea for training, for you it's impossible, it's too far and the water is too cold and the cure is too strong. Big tankers, 300 metres long, one every ten minutes and you, small like that, alone, in front of them. You understand?
B: Yes sir.
S: Tonight you can sleep here, if you want and your friend too, but only tonight.
B: Thank you.

Transcription du film *Welcome*

b) Quand Marion vient chercher ses affaires chez Simon, celui-ci lui raconte ce qu'il a appris sur les projets d'avenir des jeunes. Rédigez le dialogue entre Simon et Marion.

3. *Choisissez un des deux sujets suivants :*
   I) Décrivez les impressions de Bilal sous forme de monologue intérieur.
   II) Bilal appelle Mîna et lui parle de Simon ainsi que de sa visite chez lui. Rédigez le dialogue.

ISBN 978-3-12-598447-9

Simon

1. *Simon ne veut pas divorcer de Marion. Il décide de lui écrire une lettre pour lui dire qu'il a compris ses erreurs et qu'il a changé.*

Calais, le Chère Marion,

2. *Décrivez la relation de Simon à son ex-femme.*

3. *D'après vous, pour quelles raisons Simon décide-t-il d'aider Bilal ? Quel avantage espère-t-il tirer de sa bonne action ?*

4. *Simon explique à Marion que depuis la rencontre avec Bilal, beaucoup de choses ont changé dans sa vie. Il lui dit pourquoi il a décidé d'aider Bilal. Marion le met en garde contre les dangers, lui explique qu'il s'exclut de plus en plus de la société et lui donne des conseils. Écrivez le dialogue puis jouez la scène.*

5. *Un journaliste parlant des sans-papiers et des bénévoles écrit un article sur Simon dont il fait le portrait. Rédigez.*

ISBN 978-3-12-598447-9

Le contrôle de police

1. Regardez la scène du contrôle de police chez Simon et remplissez la grille de visionnage ci-dessous.

NARRATION	**a) action (lieu, temps, intrigue)**
	b) personnages (apparence, gestes, communication)
OUTILS FILMIQUES	**c) caméra (plan, mouvements, position, perspectives)**
	d) symboles visuels
	e) musique / son

2. Expliquez l'allusion au titre du film.

ISBN 978-3-12-598447-9

Mauvaises nouvelles

1. *Décrivez la réaction de Simon lorsqu'il apprend le tragique destin de son protégé, Bilal.*

Propos du policier	Sentiments de Simon
« J'ai pas une très bonne nouvelle, Monsieur. » « Ici…Les Anglais nous l'ont renvoyé, dans un sac en plastique. » « Ils l'ont trouvé à 800 mètres des côtes, leurs côtes. C'est la première fois qu'il y en a un qui traverse comme ça. » « Il avait ça sur lui, je suppose que vous lui avez donné aussi. »	

2. *Regardez la dernière scène du film et résumez-la.*

3. *Formez quatre groupes. Choisissez une des activités ci-dessous, rédigez le texte demandé et présentez ensuite vos résultats à la classe :*
   - *Imaginez que Bilal ait laissé une lettre pour Mîna avant d'essayer de la rejoindre en Angleterre.*
   - *Peu de temps après la mort de Bilal, un journal local rédige un article dénonçant cette terrible tragédie.*
   - *Imaginez les retrouvailles de Bilal et Mîna, s'il avait réussi à atteindre les côtes anglaises, sous forme de scénario.*

Pour écrire un scénario

- Indiquez le lieu de l'action (dans la rue, par ex.).
- Décrivez les sentiments et la gestuelle d'un personnage.
- Indiquez les mouvements de la caméra (cf. KV 2).
- Décrivez la décoration de la scène, le fond sonore et l'éclairage.
- Écrivez des phrases courtes et claires.
- Rédigez au présent.
- Évitez les détails inutiles et les actions que l'on ne voit pas.

ISBN 978-3-12-598447-9

Autour du film

1. Remplissez la grille ci-dessous. Rédigez ensuite une critique du film « Welcome » en vous aidant de vos notes.

☺ Qu'est-ce que vous avez aimé ? Pourquoi ?

☹ Qu'est-ce que vous n'avez pas aimé ? Pourquoi ?

2. Cherchez d'autres critiques du film sur Internet et comparez-les à celle que vous avez écrite.

3. Comment peut-on améliorer la situation des clandestins ? Trouvez d'autres idées et discutez.

4. Selon vous, un film comme Welcome est-il le meilleur moyen pour délivrer un message politique ? Justifiez votre réponse.

ISBN 978-3-12-598447-9

Klausur zu *Welcome*

Lisez l'extrait du roman « À l'abri de rien ».

La narratrice conduit un sans-papiers qu'elle connaît, Bechir, à un lieu de rendez-vous pour qu'il rencontre un passeur et tente de passer en Angleterre.

(…) Pendant ce temps un de ses collègues faisait monter un réfugié. J'ignore d'où il pouvait bien sortir, il devait se cacher sous le camion d'à côté. Je me suis dit que peut-être je le connaissais, que c'était un de ceux d'hier et qu'il avait réussi à s'enfuir. Je voyais surtout des ombres, des silhouettes noires qui bougeaient dans la nuit, des mouvements furtifs. Juste avant de disparaître dans le camion, je l'ai vu tendre quelque chose au passeur, je suppose que c'était de l'argent, mille cinq cents euros en liquide, j'ai prié pour qu'il exige pas plus au dernier moment. J'ai demandé à Béchir s'il y avait ne serait-ce qu'une chance sur mille pour que le camion ne soit pas fouillé avant l'accès au ferry, j'avais vu les images à la télé l'autre soir, avant l'embarcation les camions en file et au milieu les flics avec leurs chiens qui déambulaient et faisaient ouvrir à peu près tout ce qui passait, obligeaient les routiers à descendre leur chargement puis à tout remettre, je les avais vus braquer leurs lampes sur les essieux et choper deux clandestins qui comptaient s'accrocher comme ça pendant tout le voyage, les traîner sur le sol et leur balancer des coups de matraque dans le ventre, les côtes, les jambes et les épaules pour qu'ils arrêtent de se débattre. Les chiens gueulaient tout ce qu'ils pouvaient et le commentateur s'extasiait sur l'efficacité du dispositif.

– Le passeur a dit pas de problème, a fait Bechir. Ce camion pas fouillé.

– Et le contrôle ? Le contrôle CO_2 ? Comment tu vas faire ?

De sa poche il a sorti un sac en plastique. Un instant je l'ai imaginé se plonger la tête là-dedans tandis qu'un type ouvrait le camion pour y passer la sonde. Je l'ai imaginé retenir son souffle pendant toute la durée du contrôle, respirer du carbone jusqu'à suffocation, je l'ai imaginé mort étouffé (…). J'ai pensé ce type va mourir. Ce type va mourir et laisser une femme, une enfant, ce type va mourir parce qu'il voulait les rejoindre à Manchester. J'ai pensé que moi pour aller à Manchester je n'avais qu'à prendre le train et que lui allait mourir. (…)

Olivier Adam, *À l'abri de rien* © Éditions de l'Olivier, 2007, *Points*, 2008.

2 **ignorer** ne pas savoir – 9 **furtif** rapide – 16 **fouiller qc** chercher ce qui peut être caché – 18 **une embarcation** *ici :* le fait de monter sur un bateau – 20 **déambuler** marcher sans but précis – 21 **un routier** personne qui conduit des camions – 22 **un chargement** Ladung – 23 **braquer une lampe sur qc** diriger, orienter, tourner une lampe sur qc – 24 **un essieu** l'axe de la roue du camion – 24 **choper qn** *fam* jdn erwischen – 25 **s'accrocher** *ici :* se tenir, s'attacher – 27 **une matraque** Schlagstock – 28 **une épaule** Schulter – 29 **se débattre** se battre pour fuir – 32 **un dispositif** *ici :* les mesures prises par les policiers – 39 **tandis que** pendant que – 40 **une sonde** *ici* un appareil pour détecter le carbone – 42 **le carbone** Kohlenstoff – 42 **la suffocation** quand on n'a plus d'air – 43 **étouffé** erstickt

1. *a) Résumez la scène présentée dans cet extrait du roman.*
   b) Quelle solution les sans-papiers ont-ils trouvé pour contourner le contrôle CO_2 ? Quels dangers présente cette solution ?
2. *a) Comparez cet extrait au film en trouvant les points communs et les différences.*
   b) Décrivez et analysez la réaction de la narratrice.
3. *Au choix :*
   a) « Les sans-papiers ont déjà tout perdu ; c'est la raison pour laquelle ils sont prêts à tout pour rejoindre un pays européen. » Expliquez cette phrase à l'aide d'exemples tirés du film Welcome.
   b) Imaginez que le contrôle CO_2 se soit mal passé et que quelqu'un soit mort. Rédigez un article de journal sur ce fait.

ISBN 978-3-12-598447-9

Module 3 : *La Haine*

Einführung

1. Steckbrief

Genre:	Drama
Regisseur:	Mathieu Kassovitz
Drehbuch:	Mathieu Kassovitz / Saïd Taghmaoui
Produktion:	Christophe Rossignon
Schnitt:	Mathieu Kassovitz / Scott Stevenson
Hauptdarsteller:	Vinz: Vincent Cassel
	Saïd: Saïd Taghmaoui
	Hubert: Hubert Koundé
Kinostart:	31/05/1995
Drehort:	Cité de la Noé (Chanteloup-les-Vignes, 95)
Auszeichnungen:	*Festival de Cannes* 1995: Bester Regisseur Bester Film
FSK:	ab 12 Jahren

2. Der Regisseur

Mathieu Kassovitz wurde am 3. August 1967 als Sohn eines jüdisch-ungarischen Regisseurs, der 1956 nach Frankreich emigrierte, geboren. Er ist sowohl Produzent als auch Regisseur und Schauspieler.

Regisseur:	2006 *Babylon AD* 2003 *Gothika* 2000 *Les rivières pourpres* 1997 *Assassin(s)* 1995 *La Haine* 1993 *Métisse*
Schauspieler:	2005 *Munich* de Steven Spielberg 2002 *Amen* de Costa-Gavras *Astérix et Obélix : Mission Cléopâtre* d'Alain Chabat 2000 *Le fabuleux destin d'Amélie Poulain* de Jean Pierre Jeunet 1997 *Assassin(s)* de Mathieu Kassovitz *Le Cinquième élément* de Luc Besson 1995 *Mon homme* de Bertrand Blier *La Haine* de Mathieu Kassovitz 1993 *Regarde les hommes tomber* de Jacques Audiard *Métisse* de Mathieu Kassovitz 1981 *L'année prochaine… si tout va bien* de Jean-Loup Hubert

Produzent:	2008 *Johnny Mad Dog* de Jean-Stéphane Sauvaire *Enfants de Don Quichotte* (Acte 1) 2007 *Louise Michel* de Gustave Kervern et Benoît Délépine 2006 *Les paumes blanches* de Szabolcs Hajdu

3. Besonderheiten des Films

La Haine, der zweite Spielfilm von Mathieu Kassovitz, wurde mit relativ geringen Mitteln produziert. Durch seine Ästhetik deutet sich eine Abkehr von den Filmen der *Nouvelle vague* an.

Beim Anschauen des Films fällt zunächst auf, dass er schwarz-weiß ist (gedreht wurde er jedoch in Farbe). Besonders ist auch die im Film erzählte Zeit: Die Handlung konzentriert sich auf weniger als 24 Stunden (von 10.38 Uhr bis 06.01 Uhr am nächsten Morgen), die durch die Einblendung einer wie eine Zeitbombe tickenden Uhr angezeigt werden. Die Handlung ist reduziert und zeichnet sich durch zahlreiche unbedeutende Dialoge aus. Der erste Teil des Films ist in einer Pariser *Banlieue* angesiedelt, wobei alle Elemente, die auf einen real existierenden Ort hinweisen, absichtlich weggelassen wurden. Der 2. Teil des Films spielt in Paris, hauptsächlich in geschlossenen Räumen (z.B. die Szene in der Toilette eines Cafés). Die verwendeten technischen Mittel orientieren sich an amerikanischen Filmen dieser Zeit.

Mit *La Haine* wird auch die Sprache der *Banlieues* auf die Leinwand gebracht.

4. Rezeption des Films

La Haine wurde ein weltweiter Kassenschlager und entfachte eine heftige Diskussion. Es ging darum ob der Film als Sozialkritik oder politisch motivierter Film gegen die Polizei geeignet sei. Diese Vereinnahmung durch die Medien entsprach nicht der Intention des Regisseurs, der die Handlung bewusst in einer imaginären, fiktiven *Banlieue* ansiedelte.

Heute wird der Film von vielen Kinofans als Kultfilm gefeiert.

Die traurige Aktualität des Films zeigte sich bei den gewalttätigen Ausschreitungen in den französischen Vororten 2005 und 2007, über 10 Jahre nach der Erstausstrahlung von *La Haine*.

5. Szenenprotokoll (Gesamtlänge 95 Min, 13 Kapitel)

Nr.	**Titel** Inhalt	Laufzeit
	générique : Des images d'archives montrent des manifestations de jeunes face aux forces de l'ordre, sur une chanson de Bob Marley. Ensuite, on voit des images du journal télévisé : on apprend que des émeutes ont éclaté dans une cité de banlieue et qu'un jeune, Abdel, y a été grièvement blessé par un policier.	00:00:00 – 00:05:10
1	**10:38** Saïd va chercher son ami Vinz qui a participé aux émeutes. Ensuite, ils traversent la cité, marquée par les traces des affrontements nocturnes, et se dirigent vers la salle de boxe, en partie détruite, voir leur ami Hubert. Les trois amis se rendent sur le toit d'un immeuble de la cité sur lequel une fête improvisée avec merguez et bières a lieu. Mais les policiers débarquent et y mettent fin.	00:05:11 – 00:18:55

2	**12:43** Les trois amis continuent à traîner dans la cité, s'en prennent à des journalistes, squattent chez une connaissance puis regardent à la télé un reportage sur les émeutes de la veille dans leur cité. Ils s'ennuient et tuent le temps en se racontant des histoires sans importance.	00:18:56 - 00:24:28
3	**14:12** Vinz montre à ses copains l'arme d'un policier qu'il a trouvée la veille. Il la garde en vue de venger Abdel si celui-ci devait décéder. Hubert essaie de l'en dissuader, en vain.	00:24:29 - 00:27:38
4	**15:47** Les jeunes veulent rendre visite à Abdel à l'hôpital mais ne peuvent pas le voir. Alors, Vinz s'énerve, la police intervient et les trois garçons se retrouvent au commissariat, dévasté par les émeutes. Grâce à une connaissance de Saïd, ils sortent rapidement. Hubert rentre chez lui. À son arrivée, sa mère lui demande de l'argent pour payer les factures et sa sœur lui demande de l'aider pour l'école. Pendant ce temps, les deux autres sont à l'épicerie et volent l'épicier.	00:27:39 - 00:42:24
5	**17:04** Vinz et Saïd vont à la galerie marchande où ils rencontrent la sœur de Saïd qui a l'air d'apprécier Vinz et réciproquement. Mais Saïd crie et lui interdit d'adresser la parole à son copain. Le frère d'Abdel tire sur un policier. Les autres jeunes de la cité et des policiers s'affrontent. Dès l'arrivée des CRS, les jeunes se dispersent. Bloqué par un policier, Vinz sort son arme et Hubert assomme le policier afin d'éviter à son ami de faire une bêtise.	00:42:25 - 00:48:01
6	**18:22** Les jeunes sont à Paris où Saïd veut récupérer l'argent qu'un dealer lui doit. Vinz fait tout échouer en perdant le contrôle de lui-même et les jeunes s'en vont. En sortant de l'immeuble, des policiers arrêtent Saïd et Hubert tandis que Vinz arrive à s'enfuir.	00:48:02 - 01:03:23
7	**20:17** Les deux jeunes sont amenés au poste de police où ils sont victimes de violences.	01:03:24 - 01:06:42
8	**22:08** Pendant ce temps, Vinz assiste à un match de boxe, rejoint des connaissances, essaie d'aller dans une discothèque.	01:06:43 - 01:16:48
9	**00:33** Hubert et Saïd ratent le dernier RER. Ils retrouvent Vinz sur le quai. Les jeunes décident de finir la nuit à Paris. Ils vont au vernissage d'une exposition, mangent et boivent à l'œil, draguent mais se font mettre dehors. Ils essaient de voler une voiture mais l'alarme se déclenche.	01:09:21 - 01:21:23
10	**02:57** Ils fument un joint sur un toit. Ils apprennent la mort d'Abdel sur les écrans d'un centre commercial.	01:21:24 - 01:25:57
11	**04:27** Une bande de jeunes les agresse mais Vinz intervient et menace de tuer l'un deux. Finalement, il ne passe pas à l'acte. Les jeunes rentrent avec le premier train chez eux.	01:25:58 - 01:30:32
12	**06:00** Au moment de se séparer, Vinz donne l'arme à Hubert. À ce moment-là, une voiture de police arrive et les policiers commencent à frapper Saïd et Vinz. Tandis que le policier menace Vinz avec son arme, le coup part involontairement.	01:30:33 - 01.32.19
13	**06:01** Hubert vise le policier pour venger la mort de Vinz sous le regard impuissant de Saïd. Le film se termine sur le bruit d'une détonation.	01:32:20 - 01:33:33

6. Die Hauptfiguren

Vinz :
- d'origine juive, vit chez sa grand-mère avec sa sœur
- yeux clairs, cheveux clairs rasés, porte un survêtement Nike
- fume des joints, ne travaille pas
- a participé aux émeutes
- agressif et violent, remonté contre les policiers, veut se venger

Saïd :
- d'origine maghrébine, musulman
- yeux marron, cheveux ondulés, peau bronzée, porte un survêtement clair et un blouson en cuir
- a une sœur
- inoffensif, un peu enfantin, parle beaucoup
- fume aussi des joints, ne travaille pas mais fait du trafic de drogues

Hubert :
- d'origine africaine, vit avec sa mère et ses frères et sœurs, ne connaît pas son père
- yeux noirs, peau foncée, cheveux crépus, porte un treillis militaire, un t-shirt et un sweat-shirt
- travaille dans un club de boxe pour les jeunes de la cité et fait du trafic
- veut s'en sortir
- sage, contre la violence, raisonnable

Relations entre les trois protagonistes :
- amitié, solidarité, complicité, entraide malgré leurs différences d'opinion face aux problèmes.

Chacun des protagonistes représente une des minorités de la société française. Ils sont âgés d'environ 18 ou 20 ans.

7. Hinweise zum Einsatz der nachfolgenden Unterrichtsvorschläge

Im folgenden Teil dieser Lehrerhandreichung finden Sie Unterrichtsvorschläge und Kopiervorlagen mit Aktivitäten, die vor der Filmvorführung *en bloc*, im Anschluss daran, sowie zur Analyse einzelner Szenen und zur thematischen Erweiterung eingesetzt werden können. Da die Sprache der Jugendlichen in diesem Film sehr umgangsprachlich ist, (siehe auch KV 33) ist es wichtig die S vor der Filmvorführung darauf hinzuweisen, dass sie nicht jeden Dialog Wort für Wort verstehen müssen, um die Handlung des Films und seine Botschaft zu verstehen. Es bietet sich auch an, zumindest bei der ersten Vorführung des Films die französischen Untertitel mitlaufen zu lassen. Bei Aufgabenstellungen, bei denen die S auf die Kameraführung und die Wirkung der Bilder achten sollen, sollte man die Untertitel jedoch ausschalten, um sie nicht zu sehr abzulenken.

Lehrerhinweise zu *La Haine*

Avant le visionnage du film

Vor der Filmvorführung werden die S mit Aktivitäten zum Kinoplakat und Titel auf den Film eingestimmt.

Kopiervorlage 25

L'affiche et le titre

Ziel
- ein Filmplakat beschreiben
- Wortschatzarbeit: *filet à mot* zum Titel *La Haine*
- anhand des Titels Hypothesen über die Filmhandlung aufstellen

Anmerkung zu Aufgabe 2
Der Titel des Filmes kann zwei Bedeutungen haben und wurde vom Regisseur sicherlich bewusst so gewählt: Einerseits steht *La Haine* für den Frust, den die Protagonisten empfinden, weil sie sich unverstanden fühlen und keine Zukunftsperspektiven für sich sehen (avoir la haine *fam* = wütend sein). Andererseits bezieht sich der Titel aber auch auf den Hass (insbesondere auf die Polizei), der bei den Protagonisten im Laufe des Films aus diesem Frust entsteht und sie immer stärker von der Gesellschaft abspaltet.

Lösungsvorschläge
1. En haut de l'affiche du film, on voit la partie d'un visage en gros plan avec des yeux noirs. Au-dessous est indiqué le titre du film, « La Haine », et le sous-titre, « Jusqu'ici tout va bien... ». En bas, il y a trois petites photos en noir et blanc qui montrent des policiers lors d'une manifestation violente. Le reste est noir. L'affiche a un effet impressionnant et inquiétant.
2. La haine : détester le monde entier, être en colère, être révolté, être énervé, voir rouge, exploser, avoir les nerfs *fam*, être remonté *fam*, éprouver un sentiment violent, s'emporter, haïr, être haineux...
3. Quand on est victime d'une injustice, d'une agression, atteint d'une grave maladie, quand on fait mal à une personne que l'on aime etc.
4. Le titre permet d'interpeller le public en annonçant déjà le thème du film. C'est un titre fort et accrocheur, tout en restant court.

Zusatzaufgabe
Am Ende der Unterrichtseinheit zum Film, können die S Ihre Erwartungen / Hypothesen zu dem Film mit dem tatsächlichen Verlauf der Handlung vergleichen und noch mal neu über den Titel des Films diskutieren.

Le générique

Kopiervorlage 26

Zeigen Sie den S, bevor Sie mit der Vorführung des ganzen Films beginnen, zunächst nur den Vorspann (bis 00:05:10 min). Er bietet sich an, um das Hör- und Sehverstehen zu üben und über filmische Mittel zu sprechen. Gleichzeitig sind auch die Inhalte wichtig, um die Ausgangssituation des Films (die Unruhen in der *Cité* und ihre Ursachen) zu verstehen.

Ziel
- Hör- und Sehverstehen trainieren (Zusammenspiel von Bild und Ton/Musik beschreiben)
- Grundlage für das Verständnis der Filmhandlung schaffen

Lösungsvorschläge

1. a)

images	son / musique
- des jeunes face à des policiers - la terre qui brûle, une voiture qui brûle - une foule qui manifeste - la police se prépare à l'assaut - émeutes, affrontements entre la foule et la police (violences : bombes lacrymogènes…) - blessés - journalistes - casseurs : destruction de vitrines de magasin, d'un bus, voiture en feu - présentatrice du journal télévisé	- bruit d'un feu qui brûle - histoire racontée - chanson de Bob Marley « Burning and Looting » - le journal télévisé avec la voix de la présentatrice

b) On voit les images authentiques d'un journal télévisé. En commençant de cette manière, le réalisateur ancre l'intrigue dans une réalité sociale et politique qui annonce le sujet du film et en marque le début. Le message est le suivant : ce qui nourrit « La Haine » sont des événements qui ont marqué l'actualité (la blessure d'un jeune de la cité par un policier puis des émeutes). Pour renforcer ces images, elles sont accompagnées d'une chanson de Bob Marley, très aggressive, incitant à brûler et à casser.

2. - Le film commence avec des images réelles.
   - Les images sont en noir et blanc.
   - Les noms de l'équipe du film sont donnés au début. (Normalement, ils sont donnés à la fin d'un film).

3. Dans le générique, on assiste à plusieurs émeutes et affrontements entre la foule, des jeunes en colère, et les forces armées, ce qui conduit à des débordements de violence qui font des blessés des deux côtés.

4. *réponses individuelles*

Kopiervorlage 27

Les protagonistes

Bevor die Vorführung des Films fortgesetzt wird, wird die Klasse in 3 Gruppen aufgeteilt. Jede Gruppe konzentriert sich auf einen der drei Protagonisten und macht auf der KV Notizen. Diese werden im Laufe der Unterrichtseinheit ergänzt und anschließend im Plenum besprochen.

Ziel

- während der Filmvorführung Notizen als Gedächtnisstütze anfertigen
- Charakterisierung von Filmfiguren

Lösungsvorschläge

1. siehe Einführung (S. 59)
2. *réponses individuelles*

Après le visionnage du film en bloc

Aufgaben zum Verständnis der Filmhandlung

Nach der Filmvorführung kann die Filmhandlung mithilfe eines Unterrichtsgesprächs oder der folgenden Aufgabenstellung reflektiert werden.

1. *Après l'école, vous rencontrez un(e) ami(e). Vous lui racontez que vous avez vu « La Haine » en classe. Il/Elle vous demande de lui résumer l'intrigue de ce film en allemand.*

Die folgenden Fragen können Sie entweder direkt nach der ersten Filmvorführung oder aber am Ende der Unterrichtseinheit besprechen:

2. *L'histoire se déroule sur 24 heures : pourquoi ? Par quel moyen est-ce que le réalisateur indique le déroulement dans le temps ?*
3. *Pour quelles raisons le film est-il en noir et blanc ?*

Ziel

- Globalverständnis der Filmhandlung überprüfen
- Sprachmittlung / *médiation*

Lösungsvorschläge

1. *réponses individuelles*
2. Le fait que l'action du film ne se déroule que sur 24 heures accentue la tension, l'aspect tragique, dramatique et inéluctable de la fin. Le déroulement du temps est matérialisé par l'heure affichée tout au long du film. On entend un tic-tac qui fait penser à un détonateur à retardement.
3. Le fait que le film soit en noir et blanc augmente l'effet dramatique. Le manque de couleur souligne l'atmosphère qui règne dans le film. Le noir et blanc symbolise les deux groupes qui s'opposent dans le film : les jeunes de la cité et la police.

Anschließend werden ausgewählte Szenen mithilfe der folgenden Aktivitäten detailliert analysiert und thematisch erweitert.

Pendant le visionnage de séquences

Le miroir

Kopiervorlage 28
(+ Kopiervorlage 2)

Die Szene im Badezimmer (00:09:10 – 00:09:45) wird noch einmal angeschaut. Dabei füllen die S den Beobachtungsbogen aus. Er soll ihnen dabei helfen, die Bedeutung der Szene zu verstehen, die Vinz' Aggressivität zeigt und auf spätere Ereignisse im Film anspielt.

Vielleicht kennen einige Schüler den Film *Taxi Driver* (1976) von Martin Scorsese, in der Robert de Niro in einer ähnlichen Szene mit einem imaginären Feind spricht.

Ziel

- Hörsehverstehen anhand einer ausgewählten Szene trainieren
- einen Beobachtungsbogen ausfüllen
- Funktion einer Szene im Hinblick auf den Gesamtzusammenhang begründen
- Bedeutung filmischer Mittel identifizieren

Lösungsvorschläge

1.

NARRATION	**a) action (lieu, temps, intrigue)**
	- chez Vinz - dans la salle de bains - Vinz se regarde dans le miroir et joue avec ses mimiques.
	b) personnages (apparence, gestes, communication)
	Vinz : torse nu, crâne rasé ; porte une chaîne Il parle à son reflet (un ennemi fictif). Il est agressif, violent, fait des grimaces, des mimiques.
OUTILS FILMIQUES	**c) caméra (plan, mouvements, position, perspectives)**
	La caméra va vers le reflet de Vinz dans le miroir (zoom). La position est subjective : Vinz se regarde dans le miroir. Le miroir est une illusion d'optique : au début on voit un double de Vinz de derrière.
	d) symboles visuels
	Une affiche à l'arrière-plan montre une scène romantique (→ le contraire de l'ambiance dans la cité où habite Vinz).
	e) musique / son
	bruit d'eau qui coule

2. La fonction principale de cette scène est d'annoncer la suite dans laquelle Vinz va vouloir se venger en utilisant l'arme du policier qu'il a trouvée pendant les émeutes.

La cité

Kopiervorlage 29
(+ Kopiervorlage 2)

Mithilfe des Info-Textes und der Aktivitäten 1 und 2 lernen die S die französischen *Cités* und die dort herrschende Atmosphäre kennen und vergleichen diese mit ihnen bekannten Vorstädten deutscher Großstädte. Anschließend schauen sie einen kurzen Ausschnitt des Films (00:12:10 – 00:13:00) ohne Ton und bearbeiten die Aufgaben 3 und 4.

Ziel
- die Atmosphäre des Handlungsorts beschreiben
- Fragen und Antworten eines Interviews erfinden und in einem Rollenspiel darstellen
- interkulturelle Kompetenz: Vergleich mit Deutschland; Aktivierung von Vorwissen
- Funktion der Kameraführung beschreiben

Lösungsvorschläge
1. Sur l'image, on voit un complexe de HLM, d'immeubles en béton, de hauteur et de largeur différentes. Ils ont l'air plutôt tristes et gris.
   (Choix des adjectifs individuel)

2. *réponses individuelles*

3. La caméra est toujours en mouvement ainsi que les personnages, qui se déplacent souvent. La caméra effectue un 360° (panoramique) autour du trio. On circule sans arrêt, on assiste à un plan séquence. La caméra tourne autour des corps, zoome sur les visages, suit les personnages. Cela montre le petit univers des jeunes dans leur cité. Toute leur vie se déroule dans ce lieu.

4. *réponses individuelles*

Kopiervorlage 30

Le rap : moyen d'expression des banlieues (fakultativ)
Da Rap-/Hip-Hop-Musik ein wichtiger Bestandteil der Jugendkultur in den französischen *Cités* ist und solche Musik auch in einigen Szenen im Film zu hören ist, bietet sich an dieser Stelle ein kleiner Exkurs dazu an.

Ziel
- landeskundliches Wissen erwerben
- interkulturelle Kompetenz: Unterschiede zwischen der US-amerikanischen und der französischen Hip-Hop-Kultur
- Leseverstehen: Global und Detailverständnis
- Diskussion

Lösungsvorschläge
1. Le rap français a une dimension politique, avec souvent une critique de la société ou du gouvernement. Les chansons parlent des banlieues, de leurs problèmes et des conditions de vie dans une langue originale, issue des banlieues.

2. Beaucoup de jeunes de banlieue se retrouvent dans le rap car les textes parlent de leurs vies, de leurs univers, de leurs problèmes dans une langue qui est la leur. Ils leur redonnent de l'espoir et expriment leur colère.

3. L'opinion publique reproche souvent aux rappeurs des textes vulgaires, choquants, racistes, agressifs et incitants les jeunes à la violence.
   + *réponses individuelles*

Zusatzaufgabe
Formez 3 groupes. Recherchez sur Internet des informations sur les rappeurs IAM, Diam's et M6 Solaar puis présentez-les.

Wenn Sie die Zeit dazu haben, bietet es sich an, mit den S aktuelle Rap-Musik aus Frankreich zu hören. Oft kennen die S auch selbst französische Gruppen und deren Songs und können selbst Musik, die ihnen gefällt, mit in den Unterricht bringen.

Les émeutes de 2007

Kopiervorlage 31

Auch mehr als zehn Jahre nach dem Kinostart von *La Haine* ist das Thema des Films in Frankreich noch aktuell. In den Jahren 2005 und 2007 wurde Frankreich von einer Welle der Gewalt in den Vorstädten erschüttert.

Ziel
- Bezüge zwischen der Filmhandlung und der Aktualität/Realität herstellen
- allgemeines landeskundliches Wissen erwerben
- Lesekompetenz (*article de presse)*

Lösungsvorschläge
1. Le facteur déclencheur des émeutes de 2007 a été la mort de deux jeunes de cité, d'origine immigrée, poursuivis par la police. Les dégâts matériels provoqués par ces émeutes ont été l'incendie volontaire de poubelles, de garages, de voitures, de bâtiments comme un Mc Donald's, ainsi que des pillages, des coups et blessures sur les agents de l'ordre et les pompiers, enfin des attaques aux cocktails Molotov.
2. *réponses individuelles*

Les émeutes

Kopiervorlage 32

Die S schauen die Szene (00:13:20 – 00:14:13) an, in der die 3 Protagonisten über die Ausschreitungen sprechen. Anschließend lesen sie die Transkription des Gesprächs zwischen Vinz und Saïd und ordnen die Aussagen den Protagonisten zu, indem sie in die Kästchen entweder ein V oder ein S eintragen.

Anschließend arbeiten sie die unterschiedlichen Einstellungen der beiden heraus. Zum besseren Verständnis des Dialogs können die Aktivitäten zur Jugendsprache von KV 33 vorgezogen werden.

Ziel
- die Transkription eines Filmdialogs lesen und die Aussagen den Protagonisten zuordnen
- Rollenspiel

Lösungsvorschläge
1. V-S-V-S-V-S-V-S
2.

Pour les émeutes	Contre les émeutes	
– plaisir de frapper des policiers – état de guerre – agir par solidarité – agir pour venger Abdel	– subir des dommages corporels – pas envie de finir au poste – être puni par les parents	– ce n'est pas une priorité pour l'avenir – pas nécessaire de se battre pour un inconnu

Kopiervorlage 33

Le langage des jeunes (fakultativ)

Die Aufgaben auf der KV helfen den S ein Gespür für die unterschiedlichen Varietäten der französischen Sprache zu bekommen und umgangssprachliche Ausdrücke zu verstehen.

Wenn ein normales Wörterbuch nicht ausreicht, um die Bedeutung der Wörter zu finden (Aufgabe 2), können die Schüler auch im Internet recherchieren, z.B. unter

www.dictionnairedelazone.fr

Ziel

- Merkmale der Jugendsprache / gesprochenen Sprache beschreiben
- die verschiedenen Register der französischen Sprache erkennen und anwenden
- Umformulierung eines Filmdialogs in Standardsprache

Lösungsvorschläge

1. a) Niveaux : familier, argotique et vulgaire
   b) – abréviation des mots, souvent le « je » : ***J'*** *vois pas*
      – phrase segmentée : *pour que* <u>*mes parents*</u> ***ils*** *m'égorgent*
      – suppression du « ne » de la négation : *Abdel* ***est*** *pas…*

2.

verlan / français familier	français standard
un keuf (*verlan* de flic) une caillera (*verlan* de racaille)	un policier un voyou
une lacrymo une gueule un kif une retournade l'oseille foirer qc buter qn	une bombe de gaz lacrymogène une figure un délire une bagarre l'argent rater qc tuer qn

3. V : Enfin bref, pour résumer, vous auriez dû être là cette nuit. Surtout, toi, Hubert. C'était vraiment génial ! Je vous assure.
   S : Se faire asperger de gaz lacrymogène, devoir passer 48 heures au poste de police et rentrer à la maison pour que mes parents me crient dessus ? Je ne vois pas ce qui est amusant.
   V : C'était la guerre totale, une bagarre avec les policiers en direct. C'était génial.
   S : J'avais autre chose à faire. J'avais la possibilité de gagner de l'argent. Mais vous avez tout fait rater avec votre émeute.
   V: Moi au moins, quand un frère se fait tuer, je vais au combat.
   S : Un frère ? D'où un frère ? Est-ce que je connais ce type ? […] Je ne vais pas me faire frapper pour un voyou que je ne connais pas.
   V : Abdel n'est pas un voyou…
   S : Moi, tout ce que je sais, c'est que je ne cours pas plus vite que les balles.

Les différents niveaux de langue

littéraire : que l'on n'emploie pas dans la langue familière mais à l'écrit
courant : employé normalement, neutralement et connu de tous
familier : employé dans la langue parlée
vulgaire : qui est choquant et impoli
argotique : employé dans un milieu social particulier (p. ex. le verlan)

Le pistolet

Kopiervorlage 34

Die S schauen die Szene in der Tiefgarage (00:25:56 – 00:27:37) zunächst ohne Ton an. Dabei achten sie besonders auf die Kameraführung und tragen ihre Beobachtungen in den Beobachtungsbogen auf der KV ein. Beim 2. Mal hören sie auch den Ton und vervollständigen die Tabelle.

Ziel

- Hörsehverstehen anhand einer ausgewählten Szene trainieren
- Zusammenspiel von Sprache und Bild beschreiben
- Ausfüllen eines Beobachtungsbogens
- Haltung und Motive der Protagonisten beschreiben
- grammatische Kompetenz: *si*-Sätze und Anwendung des *subjonctif*

Lösungsvorschläge

1./2.

NARRATION	**a) action (lieu, temps, intrigue)**
	– dans un parking (avec des garages) de la cité – Vinz montre à ses amis l'arme perdue par un policier qu'il a trouvée pendant les émeutes de la veille. – L'action se déroule en début d'après-midi.
	b) personnages (apparence, gestes, communication)
	– Les garçons sont surpris, curieux, fascinés par cette arme et veulent la toucher. – Hubert essaie de raisonner Vinz qui ne veut rien entendre mais est agressif. – Hubert et Saïd partent en premier, Vinz les rejoint en courant avec l'arme.
OUTILS FILMIQUES	**c) caméra (plan, mouvements, position, perspectives)**
	– La scène commence par un travelling du haut vers le bas qui accentue l'effet dramatique de la découverte de l'arme par les copains. – Ensuite, la caméra effectue un panoramique horizontal, afin de montrer les garçons, en cercle, autour de l'arme. – Enfin, la caméra effectue un zoom / gros plan, d'abord sur le visage des jeunes afin de montrer leurs réactions, ensuite sur l'arme. – À la fin, le plan est fixe, la caméra ne fait plus de mouvements.
	d) symboles visuels
	À l'arrière plan, on aperçoit un mur tagué de graffitis, symbole de la culture cité. C'est un lieu où les jeunes ont l'habitude de se retrouver.
	e) musique / son
	bruit d'une manipulation d'arme

3. *réponses individuelles*, par exemple :
   - Si tu étais malin, tu resterais tranquille.
   - Il est important que tu ne te fasses pas remarquer par la police.

Zusatzfrage

Où est-ce que Vinz s'est procuré cette arme ? Quel sentiment lui procure la possession d'une arme ? Que compte-t-il faire avec ?

Kopiervorlage 35

Les « bons » policiers

Die S sollen beim erneuten Anschauen der Szene im Krankenhaus (00:27:40 – 00:29:30) besonders auf die Körperhaltungen und Reaktionen der Protagonisten achten und diese beschreiben. Bevor sie einen Zeitungsartikel zu den Geschehnissen im Krankenhaus verfassen, kann im Plenum noch die folgende Frage diskutiert werden: *Pourquoi la presse prend-elle des photos des jeunes ?*

Anschließend beschäftigen die S sich mit dem Polizisten Samir, der wie die Jugendlichen selbst aus der *Cité* stammt. Dafür schauen die S den Filmausschnitt (00:29:30 – 00:33:08) noch einmal an.

Ziel

- eine Szene des Films in die Gesamthandlung einordnen
- Hörsehverstehen anhand einer ausgewählten Szene trainieren
- das Verhalten der Filmfiguren beschreiben und kommentieren
- Vor- und Nachteile der Herkunft eines Polizisten aus der *Cité* benennen

Lösungsvorschläge

1. Ils veulent rendre visite à leur ami Abdel qui a été blessé pendant les émeutes par les policiers. Le policier de garde les en empêche, sur un ton désagréable, car ils ne font pas partie des proches et qu'il est dans le coma.
2. Vinz perd le contrôle de lui-même, il devient agressif, menace le policier, le provoque, l'insulte et fait mine de le frapper.
3. *réponses individuelles*
4. Samir n'approuve pas les actes de ses collègues. Il est d'avis que les policiers qui ont blessé Abdel doivent être condamnés. Selon lui, le rôle des policiers est de protéger la population et non d'exercer des violences contre elle.
5.

avantages	inconvénients
– Il connaît les jeunes et leurs problèmes. – Il parle le même langage. – Il connaît les familles. – Il ne peut pas être accusé de racisme.	– Il est peut être moins respecté par certains jeunes (et collègues) car il vient de la cité et ils ne le voient pas comme un vrai policier.

6. *réponses individuelles*

Kopiervorlage 36

Manque de perspectives

Die S schauen die Szene bei Hubert zu Hause (00:34:00 – 00:36:19) und beschäftigen sich mit seiner Familie und deren (finanziellen) Situation.

Ziel
- das Porträt einer Filmfigur erstellen
- Hypothesen über das Leben eines Protagonisten aufstellen
- Textproduktion (*monologue intérieur*)

Lösungsvorschläge
1. La mère d'Hubert est d'origine africaine. Elle élève seule ses 3 enfants, dont un en prison. Elle est couturière et ne gagne pas assez d'argent pour nourrir sa famille. Alors elle demande de l'argent à Hubert pour payer les factures.

2. Peut-être qu'Hubert gagne de l'argent en faisant du trafic de drogue, en volant des objets et en les revendant, ou bien en travaillant au centre de boxe.

3.

Indices	**Analyse**
L'endroit est très exigu.	pauvreté
La mère demande au fils de payer les factures.	situation familiale difficile (foyer monoparental)
Un fils est en prison.	délinquance, trafic, criminalité

4. *réponses individuelles*
   - Pour s'en sortir, il pourrait peut-être reprendre ses études, déménager, faire un stage, trouver du travail, monter son propre club de boxe…
   - Les difficultés qu'il pourrait rencontrer sont par exemple : le racisme, l'absence d'aide, de soutien, de réconfort, la solitude, des difficultés financières…

Les filles dans la cité

Kopiervorlage 37

Bevor die S sich mit dem Verhältnis zwischen Saïd und seiner Schwester und der Situation der Mädchen in der *Cité* allgemein auseinandersetzen, schauen sie die Szene im Einkaufszentrum (00:42:30 – 00:44:05) an und lesen einen Auszug aus dem Roman *Kiffe, kiffe demain* von Faïza Guène. Für den in Form eines Tagebuches geschriebenen Roman bedient sich die junge Autorin der französischen Umgangs- und Jugendsprache.

Ziel
- Verhalten der Filmfiguren analysieren
- Lesekompetenz: Auszüge aus einem Roman

Lösungsvorschläge
1. Saïd crie sur sa sœur car elle n'est pas à la maison et qu'elle a adressé la parole à son copain Vinz. Il la bouscule et lui dit de rentrer.

2. Selon Saïd, il n'y a pas d'égalité des sexes et c'est son rôle d'aîné de veiller sur sa sœur pour qu'elle ne traîne pas dans la rue ou ne parle pas avec des garçons. Il entend faire respecter cette coutume et la surveille de près.

3. a) Des garçons de la cité, des frères et amis, ainsi que des religieux peut-être, surveillent la jeune fille. Dans une lettre anonyme, on dénonce à ses parents sa façon de s'habiller, de se maquiller, de parler avec des garçons. Les parents se sentent coupables, interdisent à leur fille de sortir et pensent à la marier.

b) Après cette lettre, la jeune fille a été privée de liberté. Ainsi, elle n'a plus le droit de sortir. Ses parents cherchent à la marier de force, alors, pour échapper à son destin, elle décide de s'enfuir de chez elle. Aujourd'hui elle est actrice à la Comédie-Française. Mais les relations avec ses parents sont très difficiles.

Kopiervorlage 38

À Paris

Die S hören sich die Szene, in der die Jugendlichen in Paris ankommen (00:46:58 – 0:48:02), zunächst an, ohne die Bilder zu sehen (sie drehen dem Fernseher / der Leinwand den Rücken zu) und beschreiben, was sie hören. Anschließend schauen sie sich die Szene noch einmal an und achten besonders auf die Bilder, die sie sehen.

Für den 2. Teil der KV wird die Szene auf der Toilette des Cafés (00:48:24 – 00:53:42) noch einmal geschaut. Dabei sollen die S die Diskussion zwischen Vinz und Hubert über Rache an den Polizisten verstehen.

Ziel

- Wirkung der Geräuschkulisse einer Filmszene beschreiben und analysieren
- Vergleich der Handlungsorte und Atmosphäre im 1. und im 2. Teil des Films
- einen Dialog aus dem Film verstehen und lesen
- Argumente der Filmfiguren herausarbeiten

Lösungsvorschläge

1. a) bruit d'un train qui roule, bruit de freinage, bruit de voitures, bruit de klaxon, bruit de qn qui crache par terre.

   b) Le but de cette séquence est de créer une césure entre la première et deuxième partie du film. L'effet produit sur le spectateur est une agression sonore. Par ce procédé, le réalisateur veut montrer que le monde de la cité est un lieu positif et protecteur pour les jeunes tandis que Paris représente un lieu hostile et négatif.

2.

1ère partie : La banlieue	**2ème partie : Paris**
– environnement familier – propres règles, langage, codes connus de tous – tout le monde se connaît, réseau d'entraide et de solidarité, système D – sentiment de sécurité	– environnement inconnu – danger, violence – perte de repères, terrain étranger, règles différentes et ignorées – grand, menaçant

3.

Arguments de Vinz	**Contre-arguments de Hubert**
« […] Si j'avais pas eu le flingue, on se faisait massacrer. » « Je vais vous dire un truc […] Si Abdel y passe, je tue un keuf » « Ils comprendront qu'on tend pas l'autre joue. »	« Vouloir tuer un keuf, c'est une connerie » « Tu crois qu'on va t'apporter des oranges le dimanche ? » « T'es tout seul ! Tu peux pas trouer tous les keufs. » « La haine attire la haine » « Tu viens de braquer un flic ! T'aurais pu te faire tuer ! »

4. Saïd est du même avis qu'Hubert même s'il ne l'exprime pas de manière aussi radicale.

Zusatzaufgabe
Die Geschichte, die Grunwalski den Jugendlichen auf der Toilette des Bistros erzählt, spielt keine große Rolle für den Handlungsverlauf. Dennoch fragen sich Ihre S eventuell, was sie zu bedeuten hat. Eine mögliche Interpretation kann mithilfe der folgenden Frage diskutiert werden:

Expliquez le sens de l'histoire que Grunwalsi raconte aux jeunes. Quel est son but ?

Interprétations possibles :
- Si on s'éloigne trop de la communauté, de la société, on est en danger.
- Il faut accepter l'aide des autres.
- Grunwalski est un symbole pour la Grande Histoire. Il veut rappeler aux jeunes qu'il faut relativiser leurs problèmes.

Les « méchants » policiers

Kopiervorlage 39

Die S schauen das brutale Verhör (01:03:24 – 01:06:42) noch einmal an. Als Hilfestellung für ein besseres Verständnis des Dialogs ist ein Teil davon auf der KV abgedruckt und kann entweder vor oder nach dem Anschauen der Szene gelesen werden. Anschließend werden die Fragen auf der KV beantwortet.

Beim Ausfüllen des Verhörprotokolls der Polizei entscheiden die Schüler selbst, inwieweit dort die tatsächlichen Ereignisse festgehalten oder aber beschönigt werden.

Ziel
- Filmdialog lesen, ansehen und verstehen
- Haltung / Einstellung von Filmfiguren herausarbeiten
- kreatives Schreiben: Verhörprotokoll der Polizei ausfüllen

Lösungsvorschläge
1. a) Les préjugés des policiers sont les suivants : ils croient par exemple que les jeunes ne sont pas français mais immigrés, qu'ils sont des sauvages à peine civilisés ne sachant pas bien parler. Cela montre qu'ils sont racistes. D'autre part, ils les considèrent immédiatement comme des délinquants car ils viennent de cités.
   b) Ils se comportent de manière violente, agressive, blessante, humiliante et raciste envers les jeunes. Ils utilisent des méthodes d'interrogatoire brutales et illégales.
   c) Le troisième policier est plus jeune que les autres. Peut-être est-il nouveau. Il n'a pas l'air d'être d'accord avec le comportement de ses collègues mais il ne dit rien et n'intervient pas.

2. *réponses individuelles*

Kopiervorlage 40

Le racisme (fakultativ)

Die Kopiervorlage kann an den gestrichelten Linien zerschnitten werden. Die Klasse wird in vier Gruppen aufgeteilt. Jede Gruppe erhält einen Abschnitt des Textes und fasst diesen für den Rest der Klasse zusammen. Die Situationen, in der der Autor, ein Journalist bei der Tageszeitung *Le Monde* Rassismus erlebt hat, werden an der Tafel gesammelt und durch weitere Situationen aus der Erfahrung der S ergänzt.

Anschließend entwerfen die S ein Flugblatt mit Argumenten gegen Rassismus.

Ziel

- Lesekompetenz
- Methodenkompetenz: ein kurzes Resümee erstellen
- aus einem Text gewonnene Informationen reflektieren und bewerten
- Aktivierung von Weltwissen
- kreatives Schreiben: ein Flugblatt entwerfen

Lösungsvorschläge

1. Le racisme est une attitude d'hostilité, pouvant aller jusqu'à la violence, et de mépris envers des individus appartenant à une race, à une ethnie différente généralement perçue comme inférieure.

2. A) Les gens de la campagne ne veulent pas parler au journaliste en raison de sa couleur de peau.
   B) Quand le journaliste cherche un appartement seul, personne ne veut lui en louer un à cause de sa couleur de peau, mais lorsqu'il est accompagné d'une belle blonde, il n'y a plus de problèmes.
   C) On ne lui permet pas de rentrer dans une discothèque à cause de sa couleur de peau.
   D) Les policiers ont tendance à l'arrêter très souvent uniquement à cause de sa couleur de peau.

3. Les causes du racisme peuvent être la méfiance, les préjugés, la violence, la bêtise. Cela peut être un moyen de cacher ses peurs.

4. *réponses individuelles* (In dem untenstehenden Kästchen finden Sie Tipps zum Erstellen eines Flugblatts, die Sie für die S kopieren oder an die Tafel schreiben können.)

Le tract

- Définissez le public ciblé.
- Attirez l'attention du public grâce au titre et à l'aspect visuel. Choisissez par exemple des typographies différentes et des images.
- Présentez les informations de manière simple et concise.
- Ajoutez les renseignements nécessaires (date, adresse, nom de l'organisation).
- N'oubliez pas de signer le tract.

Une fin tragique

Kopiervorlage 41 (+ Kopiervorlagen 25 u. 26)

Die S schauen sich die letzte Szene des Films (01:30:37 - 01:32:54) an und besprechen ausgehend davon, die Botschaft des Films. Dafür können die KV, die vor dem Film bearbeitet wurden (Titel des Films, Hypothesen zum Inhalt, Vorspann) wieder herangezogen werden, um die Analyse abzurunden.

Ziel

- die Botschaft des Films herausarbeiten
- Vergleich mit dem Vorspann des Films
- Handlungsfortlauf erfinden
- Textproduktion (*scénario*)

Lösungsvorschläge

1. C'est la même histoire qu'au début, sauf qu'au lieu d'un homme, on parle de la société. L'histoire au début du film a déjà anticipé la fin tragique. La chute ne peut finir qu'avec l'atterrissage. La situation de l'homme, de la société est désespérée. Il n'y a pas de moyen d'échapper et d'empêcher la fin tragique. L'histoire peut aussi être vue comme une critique de la société.

2. Le réalisateur met l'accent sur le fait que le plus important dans le film est la chute, la fin. Elle rejoint la définition de la tragédie : malgré les efforts de Hubert et Saïd pour raisonner Vinz et l'empêcher de commettre l'irréparable, qui ont fini par convaincre Vinz, ils ne peuvent échapper à leur destin tragique qui se solde par la mort de Vinz et conduit peut-être Hubert, malgré lui, à devenir un meurtrier.

3./4. *réponses individuelles*

Wenn Sie noch Zeit haben, können Sie am Ende der Unterrichtseinheit noch die folgenden kreativen Zusatzaktivitäten durchführen.

Zusatzaufgaben

1. *La police mène une enquête sur la mort de Vinz : les policiers responsables sont interrogés. Jouez la scène de cet interrogatoire.*

2. *Les jeunes de la cité écrivent une chanson de rap en hommage à leur ami. À vos plumes.*

1./2. *réponses individuelles*

L'affiche et le titre

1. *Présentez l'affiche du film et décrivez vos impressions.*

____

____

____

____

____

____

____

2. *Faites un filet à mot sur le sentiment de haine.*

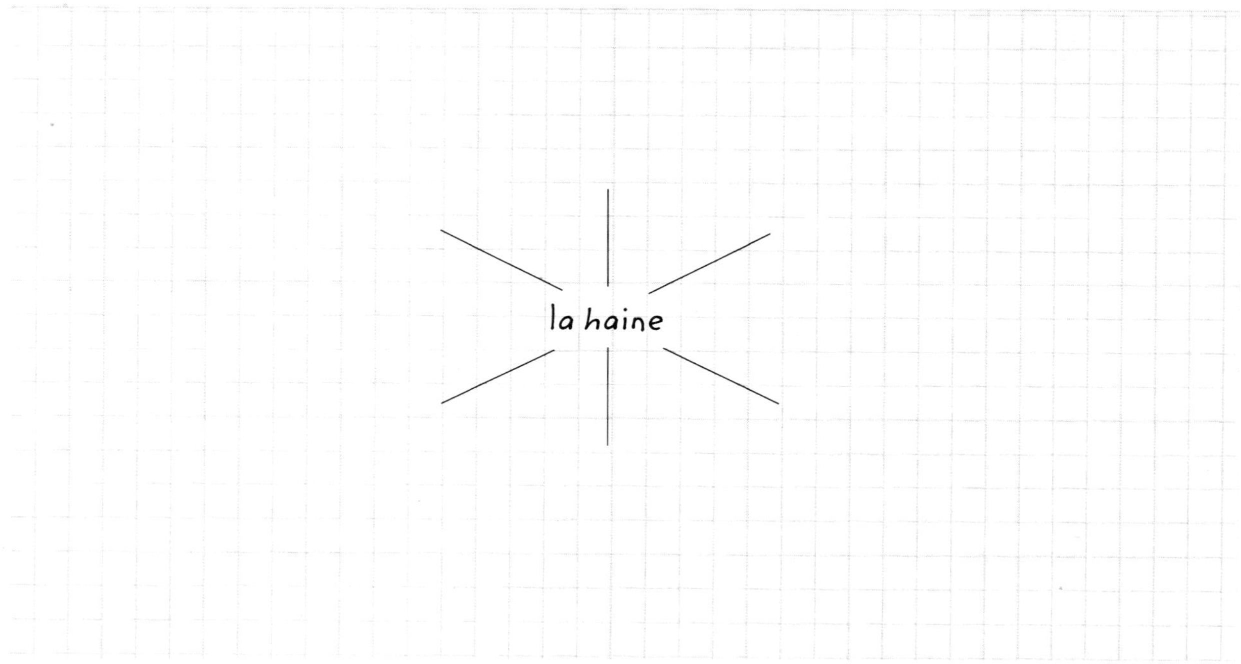

3. *Donnez des exemples de situations dans lesquelles on peut éprouver ce sentiment.*

4. *Faites des hypothèses sur le titre du film. À votre avis, pour quelles raisons le réalisateur l'a-t-il choisi ?*

ISBN 978-3-12-598447-9

Le générique

1. *a) Regardez le générique du film et notez ce que vous avez vu et entendu.*

images	son / musique

b) Décrivez la relation entre le son et l'image. Quelle pourrait être l'origine de ces images et quel but le réalisateur a-t-il eu en commençant le film de cette manière ?

2. *Décrivez la particularité du générique et comparez-le à d'autres films.*

3. *Résumez les événements montrés dans le générique à l'aide de vos notes dans la grille ci-dessus.*

4. *Le générique commence avec une histoire. Formez des groupes et expliquez le sens de celle-ci.*

« C'est l'histoire d'un homme qui tombe
d'un immeuble de cinquante étages.
Le mec, au fur et à mesure de sa chute,
il se répète sans cesse pour se rassurer :
Jusqu'ici tout va bien,
Jusqu'ici tout va bien,
Jusqu'ici tout va bien.
Mais l'important,
c'est pas la chute, c'est l'atterrissage. »

3 **au fur et à mesure** pendant – 3 **une chute** le fait de tomber – 9 **un atterrissage** le fait d'arriver sur terre

ISBN 978-3-12-598447-9

Les protagonistes

1. *Formez trois groupes. Chaque groupe se concentre sur un des trois protagonistes pendant le visionnage du film et complète ensuite le tableau ci-dessous.*

nom du protagoniste	
apparence physique (âge, sexe, couleur des cheveux)	
personnalité (centres d'intérêt, religion…)	
environnement social (nationalité, situation familiale, profession…)	
caractère (langage, habitude…)	

2. *Chacun des trois groupes présente son personnage en faisant un portrait de lui, de façon vivante et théâtrale.*

ISBN 978-3-12-598447-9

Le miroir

1. *Regardez la scène dans la salle de bains et remplissez la grille ci-dessous.*

NARRATION	**a) action (lieu, temps, intrigue)**
	b) personnages (apparence, gestes, communication)
OUTILS FILMIQUES	**c) caméra (plan, mouvements, position, perspectives)**
	d) symboles visuels
	e) musique / son

2. *Quelle est la fonction principale de cette scène ?*

____

____

____

ISBN 978-3-12-598447-9

La cité

1. *Décrivez la photo ci-contre et cochez les adjectifs décrivant au mieux l'atmosphère régnant dans cette cité.*

monotone

détruit

déprimant

vif

morne

moderne

triste

vivant

varié

vieux

gai

ennuyeux

vide

confortable

Les cités en France : Les cités ont été construites à partir des années 50, puis dans les années 70, en périphérie des grandes villes, en raison d'un manque de logement. Ces grands complexes en béton sont habités aujourd'hui essentiellement par une population issue de l'immigration qui se sent souvent exclue de la société.

2. *Connaissez-vous des quartiers semblables à celui montré dans le film en Allemagne ? Comparez-les à la cité montrée dans « La Haine ».*

3. *Regardez la scène encore une fois. Pendant le visionnage, faites particulièrement attention aux mouvements de caméra. Quel en est l'effet ?*

____

____

____

____

4. *Un journaliste interviewe un jeune de cité sur sa vie. Écrivez les questions et les réponses puis jouez l'interview.*

ISBN 978-3-12-598447-9

Le rap : moyen d'expression des banlieues

Lisez le texte et répondez aux questions.

1. *Dégagez l'originalité du rap français par rapport au rap américain.*

2. *Résumez en quoi les jeunes de banlieue se retrouvent dans le rap.*

Le rap français a vu le jour dans les années 80, s'inspirant du rap américain. Le rap ainsi que les graffitis et le Breakdance appartiennent à la culture Hip-Hop.

« L'implantation de la première génération du rap français dans les hit-parades a été comme un signal pour les banlieues françaises. De Marseille à Lyon via les faubourgs de Paris, les posses se forment, les groupes répètent, les cassettes démos s'enregistrent. Tels des signes de code, les posses écrivent leurs noms sur les murs. Les tags, nouvelles décorations citadines, disent les noms des aspirants hip hop le long des trajets de RER ou des rues parisiennes. La référence américaine est omniprésente chez les rappers français, mais l'originalité de la langue, le parler vernaculaire des banlieues (verlan, « veul » et autres argots inventés dans les cités) et une histoire qui ressemble déjà à une épopée assurent aux rappers d'ici une originalité dont ne peuvent se targuer les autres pays européens. Le duo Solaar avec le rapper américain Guru, la présence d'IAM dans une émission de *Yo ! MTV rap* aux États-Unis, les ventes de *Prose Combat*, le second album de Solaar, hors de la France : autant d'éléments qui témoignent d'un début d'intérêt pour le rap en langue de Molière hors de nos frontières. Pour autant, il ne faut pas se leurrer : comme aux États-Unis, le rap d'ici est avant tout un enjeu intérieur. Au-delà des chiffres de ventes et de la mise en vedette de quelques artistes, la génération rap est le haut-parleur d'un univers parallèle. Noir en Amérique, arabe, gaulois, africain, antillais ou simplement banlieusard chez nous, le rap – ou plutôt le hip hop dans sa globalité – est un miroir tendu à l'autre monde autant qu'un mode de vie.
L'aggravation des conditions de survie dans les banlieues et dans les ghettos urbains semble être le garant d'une pérennité de ce moyen d'expression qui naquit un jour du néant de la rue, le rap. »

L'Offensive rap, Olivier Cachin © collection Découvertes, éditions Gallimard, Paris 1996.

4 **une implantation** *ici :* introduction – 6 **un faubourg** la banlieue, la périphérie – 6 **un posse** *fam* un groupe, une bande – 8 **un tag** un graffiti – 9 **un trajet** un chemin – 11 **le veul** le verlan du verlan (p. ex. : *femeu* pour *meuf* = femme) – 12 **une épopée** une suite d'événements inattendus – 13 **se targuer de qc** mit etw angeben – 18 **se leurrer** se faire des illusions – 19 **une mise en vedette** *ici :* le succès, le fait d'être célèbre – 24 **une aggravation** → grave – 25 **une pérennité** le fait de durer longtemps

3. *À côté du succès du rap, beaucoup de gens critiquent ce genre musical. Imaginez pour quelles raisons.*

ISBN 978-3-12-598447-9

Les émeutes de 2007

Émeutes à Villiers-le-Bel

Après le décès de deux jeunes circulant sur un motocross qui a percuté une voiture de police, de violentes échauffourées ont éclaté dans ce quartier sensible du Val-d'Oise.

La fumée noire qui obstruait hier soir le ciel de Villiers-le-Bel, dans la banlieue nord de Paris, le disputait au rouge vif des flammes des véhicules incendiés. C'est tout un quartier qui s'est mis à flamber après un dramatique accident au cours duquel deux adolescents ont trouvé la mort en percutant un véhicule de police. Les habitants assistaient impuissants à ces scènes de destruction qui leur rappelaient les nuits chaudes de l'automne 2005. Hier soir, le poste de police de Villiers-le-Bel a été assiégé par des jeunes gens qui criaient vengeance. Ils y ont mis le feu, caillassant les voitures de police alentour. Le bureau de police et la gare d'Arnouville, commune voisine, ont été saccagés. Le frère de l'une des victimes, Omar Sehhouli, expliquait vouloir « que tous les policiers responsables soient condamnés ». Moushin, 15 ans et son ami Larami, 16 ans, étaient partis « faire du cross dans les champs », assurait-il. [...]

Dès 18 heures, « entre 50 et 100 jeunes ont commencé à brûler des poubelles après avoir incendié deux voitures ». [...] Vers 21 heures, les jeunes ont incendié un garage, après l'avoir pillé. Huit policiers au moins et un pompier ont été blessés. Le commissaire de police, chef du district, a été pris à partie et souffre d'un traumatisme crânien.

Un McDo incendié, un commissaire molesté

Le maire de Villiers, Didier Vaillant, s'est également rendu sur place, mais a dû rebrousser chemin lui aussi devant l'hostilité des assaillants, munis de cocktails Molotov.

Devant des riverains médusés, les jeunes brûlaient les voitures à la chaîne. Par petits groupes de quatre ou cinq, à pied ou en scooter, ils harcelaient les forces de l'ordre et les pompiers. Les soldats du feu étaient obligés de dresser des barricades pour pouvoir intervenir sur les foyers d'incendie à l'abri des projectiles. [...]

Les vitrines des concessionnaires Honda et Peugeot ont été détruites, une autre concession incendiée. Le McDonald's a brûlé en partie. Une odeur de soufre se répandait dans les rues. Les voitures des habitants du quartier rentrant chez eux étaient contraintes de rouler sur des débris encore fumants. Des coups de klaxon résonnaient entre les barres d'immeubles, tandis que des jeunes promettaient de faire « pire que lors des émeutes de 2005 ».

2 **un décès** une mort – 2 **circuler** rouler – 3 **percuter qc** etw anfahren – 4 **une échauffourée** un combat, une bagarre – 6 **obstruer** *ici* : cacher – 8 **vif** intense – 9 **incendier** brûler – 16 **assiéger** besetzen – 17 **la vengeance** Rache – 18 **caillasser** jeter des pierres – 21 **saccager** détruire – 23 **condamner** verurteilen – 31 **piller** voler – 31 **un pompier** Feuerwehrmann – 34 **un traumatisme crânien** Schädeltrauma – 35 **molester qn** blesser qn – 38 **rebrousser chemin** faire demi-tour – 38 **l'hostilité** ≠ l'amitié – 39 **un assaillant** une personne qui attaque – 40 **un riverain** un habitant de ce quartier – 40 **médusé** très étonné – 43 **harceler** *ici :* attaquer – 48 **un concessionnaire** *ici :* un représentant commercial qui vend exclusivement une marque – 51 **le soufre** Schwefel – 54 **des débris** *mpl* les morceaux, les restes – 54 **un klaxon** Hupe

1. *Quel était le facteur déclencheur des émeutes de 2007 ? Quels dégâts matériels ces émeutes ont-elles causés ? Comparez au film.*

2. *Faites une recherche Internet sur les banlieues pour savoir si la situation a changé. Quelles mesures le gouvernement a-t-il prises depuis les émeutes de 2007 ?*

ISBN 978-3-12-598447-9

Les émeutes

1. Regardez la scène encore une fois et attribuez les phrases suivantes à Saïd ou à Vinz.

☐ Enfin bref, pour résumer, vous auriez dû être là. Surtout, toi, Hubert. C'était trop puissant ! Je te jure.

☐ Prendre une lacrymo dans la gueule, passer 48 heures au poste…, et rentrer à la maison pour me faire égorger par mes parents. Je vois pas le kif !

☐ C'était la guerre ! La pure retournade de keufs en live et direct ! Et toi, tu me prends la tête !

☐ J'avais autre chose à foutre. J'avais un plan pour ramasser de l'oseille. Vous avez tout fait foirer avec votre émeute en carton !

☐ Moi, quand un frère se fait buter, je bouge.

☐ Un frère ? D'où un frère ? Je le connais, moi, ce mec ? Tu m'as vu avec ? Non. Je vais pas me faire taper pour une caillera que je connais pas !

☐ Abdel, c'est pas une caillera.

☐ Moi, tout ce que je sais, c'est que je cours pas plus vite que les balles !

Transcription du film *La Haine*

2. Quels sont leurs points de vue sur les émeutes ? Relevez les arguments pour et contre.

Pour les émeutes	Contre les émeutes

3. Formez des groupes et jouez une des scènes suivantes :

I) Un jeune père qui habite dans la cité a été témoin des émeutes. Le soir, il raconte à sa femme ce qu'il a vu de son point de vue.

II) Deux journalistes interrogent des jeunes de la cité qui ont participé aux émeutes.

ISBN 978-3-12-598447-9

Le langage des jeunes

1. *Relisez le dialogue entre Saïd et Vinz (KV 32).*
   a) Quels niveaux et registres de langue trouve-t-on dans cette scène ?
   b) Quelles sont les caractéristiques de la langue parlée dans ce dialogue ?
   Donnez des exemples.

2. *Complétez le dictionnaire des banlieues en trouvant l'équivalent des expressions familières ou argotiques en français standard.*

Le verlan :
Ce langage utilisé par les jeunes inverse les syllabes :
bi-zarre → zar-bi

en verlan	**en français standard**
un keuf une caillera	
en français familier	**en français standard**
une lacrymo une gueule un kif une retournade avoir qc à foutre l'oseille faire foirer qc buter qn	

3. *Réécrivez le dialogue entre Saïd et Vinz en français standard dans les bulles.*

ISBN 978-3-12-598447-9

Le pistolet

1. *Regardez la scène sans le son et notez ce que vous avez vu.*

NARRATION	**a) action (lieu, temps, intrigue)**
	b) personnages (apparence, gestes, communication)
OUTILS FILMIQUES	**c) caméra (plan, mouvements, position, perspectives)**
	d) symboles visuels
	e) musique / son

2. *Visionnez à nouveau la scène avec le son et complétez le tableau.*

3. *Hubert essaie de raisonner Vinz, il lui donne des conseils. Imaginez ce qu'il lui dit en utilisant les expressions ci-dessous.*

- À ta place,...
- Si tu étais malin,...
- Ce serait bien si...
- Il faut que...
- Il est important que...
- Je n'ai pas envie que...

ISBN 978-3-12-598447-9

Les « bons » policiers

À l'hôpital

1. *Exposez les raisons pour lesquelles les jeunes sont à l'hôpital.*

2. *Décrivez l'attitude (ton, gestes…) du policier de garde et la réaction de Vinz.*

3. *Les reporters prennent des photos de la scène à l'hôpital pour un article de presse. Rédigez l'article et trouvez un titre adéquat.*

ISBN 978-3-12-598447-9

Samir

4. *Samir est un policier issu de la cité. Selon lui, quel est le rôle des policiers ? Donnez son avis sur ce qui est arrivé à Abdel et sur les responsables.*

5. *Montrez les avantages et les inconvénients pour un policier qui est d'origine maghrébine et qui vient de la cité.*

avantages	inconvénients

6. *D'après vous, comment Samir est-il perçu par les jeunes ? Présentez l'opinion de Saïd et Vinz sur Samir.*

Pour moi, Samir est…

Non, je ne suis pas d'accord, Samir est…

ISBN 978-3-12-598447-9

Manque de perspectives

1. *Faites le portrait de la mère de Hubert. Qu'attend-elle de son fils ? Pour quelles raisons ?*

2. *À votre avis, comment Hubert gagne-t-il de l'argent ? Faites des hypothèses.*

3. *Relevez trois indices dans la vie de Hubert et de sa famille montrant que les conditions de vie dans la cité sont difficiles.*

Indices	Analyse
1.	
2.	
3.	

4. *Pour quelles raisons Hubert veut-il partir de la cité ? Comment pourrait-il s'en sortir et quelles difficultés pourrait-il rencontrer ? Décrivez ses pensées sous forme de monologue intérieur.*

Pour écrire un monologue intérieur

- Rédigez à la première personne et au présent.
- Le but est de reproduire les sentiments, les pensées et les émotions qu'un personnage ressent mais ne dit pas tout haut.
- Les pensées peuvent se suivre sans lien logique, avec des hésitations, des blancs, des répétitions, des questions.

ISBN 978-3-12-598447-9

Les filles dans la cité

1. Visionnez la scène et décrivez le comportement de Saïd envers sa sœur.

2. Expliquez pour quelles raisons Saïd traite sa sœur ainsi.

3. Lisez l'extrait du roman « Kiffe kiffe demain » de Faïza Guène et répondez aux questions suivantes.

Ça me rappelle l'histoire d'une fille qui habitait le quartier y a quelques années. Son histoire, ils en ont même parlé dans le journal. Elle était bonne élève à l'école, tout le monde respectait sa famille dans le quartier […] La fille, elle faisait du théâtre dans une troupe payée par la municipalité de Livry-Gargan et ses parents la laissaient exercer sa passion sans problèmes. […]

Puis un jour, ses parents ont trouvé une lettre anonyme dans leur boîte aux lettres. Elle a été publiée intégralement dans le journal *Pote à pote* avec le témoignage de cette fille :

*Votre fille a beaucoup de mauvaises fréquentations, elle sort beaucoup et marche souvent avec des garçons. On entend des choses sur elle qui salissent votre nom et la réputation que vous avez, le quartier sait que **** fréquente des jeunes hommes et qu'elle oublie le droit chemin. Dieu dit que vous êtes responsable du chemin de vos enfants. Il faut être sévère avec elle pour qu'elle craigne sa famille et la religion de l'islam. Maintenant, les gens et les hommes voient que votre fille est de la rue et qu'elle n'a pas peur. Les Français l'emmènent sur le chemin du mal. On a remarqué qu'elle se maquille, qu'elle colore ses cheveux, ça veut dire qu'elle aime plaire aux hommes et qu'elle tente Satan. S'il arrive quelque chose de honteux, Dieu voit que vous avez été trop libre avec elle et vous êtes aussi coupable comme elle. […]*

Votre famille est une qu'on respecte alors il faut que ça continue. Une fille peut être emmenée dans le droit chemin par son père. Il faut croire au pouvoir que Dieu vous donne pour être une bonne famille.

Faïza Guène a écrit son premier roman, *Kiffe kiffe demain,* à l'âge de 17 ans. La narratrice, Doria, âgée de 15 ans, vit en banlieue parisienne. Elle parle de sa vie, de la cité, de ses problèmes et des conditions de vie en banlieue.

ISBN 978-3-12-598447-9

Après la lettre, tout a changé pour cette fille. L'enfoiré d'anonyme qui a écrit ces conneries avait réussi à convaincre ses parents. Ils se sont sentis coupables d'avoir donné « trop » de liberté à leur fille. Du coup, elle n'avait plus le droit d'aller au théâtre, ni de sortir, même pour aller acheter le pain. Surtout, elle a commencé à entendre parler de mariage. Dernier recours quand les parents ont l'impression que les filles leur glissent entre les doigts.

Dans *Pote à pote*, elle a raconté qu'elle a décidé de s'enfuir de chez elle. Aujourd'hui, elle vit seule et n'a pratiquement plus aucun contact avec ses parents. Mais elle est entrée à la Comédie-Française et réussit à vivre de sa passion. Elle a quand même gagné.

Kiffe kiffe demain, Faïza Guène

4 **une troupe** *ici :* groupe d'acteurs de théâtre – 5 **une municipalité** une mairie – 8 **une boîte aux lettres** Briefkasten – 8 **publier qc** faire paraître qc (un texte, un livre) – 8 **intégralement** en entier – 10 **une fréquentation** une personne que l'on voit souvent, un copain, une copine – 12 **salir qc** → sale – 13 **fréquenter qn** → une fréquentation – 19 **tenter qn** jdn in Versuchung bringen – 20 **honteux** → la honte – 21 **coupable** schuldig – 25 **un enfoiré** *vulg* une personne bête – 26 **une connerie** *vulg* une bêtise – 30 **un recours** *ici :* action de faire appel à qn – 31 **glisser entre les doigts** jdm entgleiten – 32 **s'enfuir** → fuir

a) Décrivez comment la jeune fille est surveillée et quels moyens de pression on exerce sur elle. Comment réagissent ses parents ?

____

____

____

✎ *b) Résumez en quoi la vie de la jeune fille a changé après cette lettre.*

ISBN 978-3-12-598447-9

À Paris

L'arrivée

1. *Écoutez le son de la scène sans regarder les images.*

a) Cochez les bruits que vous entendez.

- ☐ bruit d'un téléphone
- ☐ bruit d'un train qui roule
- ☐ bruit d'un avion qui décolle
- ☐ une sonnerie
- ☐ bruit de voitures
- ☐ bruit de quelqu'un qui crache par terre
- ☐ bruit de klaxon
- ☐ bruit de freinage
- ☐ quelqu'un qui frappe à une porte

b) Quel est le but recherché par le réalisateur en créant cette atmosphère sonore ? Quel effet cela a-t-il sur le spectateur ?

2. *Décrivez l'ambiance et le décor à Paris et comparez-les à la première partie du film.*

1ère partie : La banlieue	2ème partie : Paris

Dans les toilettes du café

3. *Relevez les arguments de Hubert contre la décision de Vinz et analysez-les.*

Arguments de Vinz	Contre-arguments de Hubert
« [...] Si j'avais pas eu le flingue, on se faisait massacrer. » « Je vais vous dire un truc [...] Si Abdel y passe, je tue un keuf » « Ils comprendront qu'on tend pas l'autre joue. »	

4. *Décrivez la position de Saïd.*

ISBN 978-3-12-598447-9

Les « méchants » policiers

1. *Lisez d'abord ces phrases des policiers. Regardez ensuite la séquence.*

« On n'est pas dans ta cité avec tes potes les casseurs. »
« Ramasse avec tes pieds ! Dans ton pays, on ramasse avec les pieds ! On ramasse tout avec les pieds ! »
[…]
« Dans 2 heures, ils seront peut-être sortis. Il faut en profiter ! Tu arrêtes juste quand il faut. »
[…]
« Celui-là me plaît. Il a une bonne tête. Il est mignon. Tu es mignon, toi.
Policier : Y'a quel nom sur ses fafiots ? »
[…]
« Hubert ! »
« C'est pas lui ? C'est lui ! Il a pas une tête à s'appeler Hubert. »
« Lui, il est français. C'est Saïd ! »
« Saïd, c'est joli, ça ! … »
« Regarde ! Le petit est plus nerveux. »
[…]
« Le plus dur, c'est d'éviter la bavure. C'est pas l'envie qui manque, mais on fait pas toujours ce qu'on veut. Pas vrai, fils de chienne ? Allez ! On y va. »

Transcription du film *La Haine*

9 **un fafiot** *fam* un papier – 17 **une bavure** Fehlreaktion

a) À partir de cette scène, relevez les préjugés des policiers contre les jeunes.

b) Commentez le comportement des policiers et les méthodes qu'ils emploient.

c) Décrivez et commentez le comportement du troisième policier. Pourquoi n'intervient-il pas ?

ISBN 978-3-12-598447-9

Klett

2. *Un des deux policiers doit rédiger un rapport sur l'arrestation des deux jeunes.*

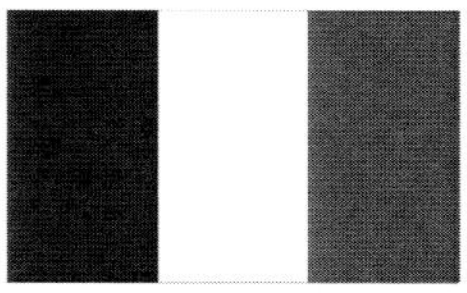

République française
Police nationale

bulletin n° 562

Arrestation et interrogatoire n° 65874

Noms : ____

Prénoms : ____

Professions : ____

Adresse : ____

Date : ____

Heure d'arrestation : ____

Heure de sortie du poste : ____

Antécédents : ____

Raison de l'arrestation : ____

____

Remarques : ____

____

Policier de service : ____

ISBN 978-3-12-598447-9

Le racisme

1. *Cherchez la définition du mot « racisme » dans le dictionnaire.*

2. *Formez quatre groupes. Chaque groupe lit un extrait du témoignage d'un journaliste et le résume aux autres groupes.*

Moi, Mustapha Kessous, journaliste au « Monde » et victime du racisme

Ⓐ [...] Je couvre le Tour de France. Je prépare un article sur ces gens qui peuplent le bord des routes. Sur le bitume mouillé près de Blain (Loire-Atlantique), je m'approche d'une famille surexcitée par le passage de la caravane, pour bavarder. « Je te parle pas, à toi », me jette un jeune homme, la vingtaine. À côté de moi, mon collègue Benoît Hopquin n'a aucun souci à discuter avec cette « France profonde ». Il m'avouera plus tard que, lorsque nous nous sommes accrédités, une employée de l'organisation l'a appelé pour savoir si j'étais bien son... chauffeur. [...]	**peupler** habiter – **le bitume** l'asphalte – **surexcité** sehr aufgeregt – **bavarder** discuter – **profond** *ici :* absolu – **s'accréditer** *ici :* se faire reconnaître officiellement comme journaliste
Ⓑ [...] Depuis plusieurs mois, je cherche un appartement. [...] Et pour moi – comme par hasard – il n'y avait pas grand-chose de disponible. Quand des propriétaires me donnent un rendez-vous pour visiter leur appartement, quelle surprise en voyant « M. Kessous » ! Certains m'ont à peine fait visiter les lieux, arguant qu'ils étaient soudainement pressés. J'ai demandé de l'aide à une amie, une grande et belle blonde. Claire se présente comme ma compagne depuis cet été et fait les visites avec moi : nous racontons que nous allons prendre l'appartement à deux. Visiblement ça rassure. [...]	**disponible** libre – **à peine** kaum – **arguer** donner comme argument – **rassurer** calmer
Ⓒ [...] Fin 2003, je porte plainte contre une discothèque lyonnaise pour discrimination. Je me présente avec une amie, une « Française ». Le portier nous assène le rituel « Désolé, y a trop de monde. » Deux minutes plus tard, un groupe de quinze personnes – que des Blancs – entre. Je veux des explications. « Dégage ! » m'expédie le videur. La plainte sera classée sans suite. J'appellerai Xavier Richaud, le procureur de la République de Lyon, qui me racontera qu'il n'y avait pas assez d' « éléments suffisants ». [...]	**lyonnais** de Lyon – **assener** *ici:* s'adresser à qn – **un videur** une personne qui fait entrer les gens en discothèque ou les fait sortir – **le Procureur de la République** Oberstaatsanwalt
Ⓓ [...] En 2007, la brigade anticriminalité, la BAC, m'arrête sur les quais du Rhône à Lyon : j'étais sur un Vélo'v. On me demande si j'ai le ticket, si je ne l'ai pas volé. L'autre jour, je me gare en scooter sur le trottoir devant *Le Monde*. Je vois débouler une voiture, phares allumés : des policiers, mains sur leurs armes, m'arrêtent. Je leur dis que je travaille là. Troublés, ils me demandent ma carte de presse, mais pas mon permis. [...]	**un Vélo'v** un vélo que l'on peut louer – **un scooter** Roller – **débouler** *fam* venir très vite – **un phare** Scheinwerfer

© Le Monde / Mustapha Kessous, 18/12/2009.

3. *Discutez dans quelles situations et pour quelles raisons les gens se comportent de façon raciste.*

4. *Une organisation lance une campagne de lutte contre le racisme. Rédigez un tract.*

ISBN 978-3-12-598447-9

Une fin tragique

1. Interprétez le sens de l'histoire suivante, racontée à la fin du film, et comparez-la à celle du début.

> « C'est l'histoire d'une société qui tombe,
> au fur et à mesure de sa chute,
> la société n'arrête pas de se rassurer.
> Jusqu'ici tout va bien,
> Jusqu'ici tout va bien,
> Jusqu'ici tout va bien.
> Tout ça, c'est pour dire que l'important,
> c'est pas la chute, c'est l'atterrissage. »

2. Expliquez la phrase suivante du réalisateur Mathieu Kassovitz : « J'ai écrit ce film pour la dernière minute ». Quel message le réalisateur nous livre-t-il à la fin de ce film ?

3. Que pensez vous de la fin du film ? Était-elle prévisible ? Auriez-vous préféré une autre fin ? Laquelle ? Pourquoi ? Discutez.

4. Imaginez une scène succédant à la dernière scène du film (arrivée des CRS, arrivée des jeunes, arrivée de la famille de Vinz, arrivée de Samir, réaction de Hubert et de Saïd, arrivée des médias…) et écrivez-en le scénario. N'oubliez pas de préciser les indications scéniques. Ensuite, tournez la scène et montrez-la au reste de la classe.

Pour écrire un scénario

- Indiquez le lieu de l'action.
- Décrivez les sentiments et les mouvements des personnages.
- Indiquez les mouvements de la caméra. (cf. KV 2)
- Décrivez la décoration de la scène, le fond sonore et l'éclairage.
- Écrivez des phrases courtes et claires.
- Rédigez au présent.
- Évitez les détails inutiles et les actions que l'on ne voit pas.

ISBN 978-3-12-598447-9

Klausur zu *La Haine*

1. *Décrivez la caricature ci-dessus. Où pourrait se passer cette scène ?*

2. *Expliquez pourquoi les deux jeunes ne se sentent pas concernés et comparez à la situation montrée dans le film « La Haine ».*

3. *Au choix :*

   a) Discutez en quoi l'intégration des immigrés est nécessaire et de quelle manière elle est réalisable. Montrez-en les limites et les risques.

   b) Rédigez la lettre qu'un jeune du quartier décide d'adresser au Président de la République pour lui décrire la situation des banlieues.

ISBN 978-3-12-598447-9

Filmempfehlungen zum Thema *Immigration – Intégration*

Délits flagrants, Raymond Depardon, 1994

Wesh Wesh, qu'est-ce qui se passe ?, Rabah Ameur-Zaïmeche, 2001

Exils, Tony Gatlif, 2004

L'embrasement – Wut in den Städten, Philippe Triboit, 2006 *

La graine et le mulet, Abdellatif Kechiche, 2007 *

Paris sur mer, Munir Abbar, 2007 *

Agathe Cléry, Etienne Chatillez, 2008

Il faut sauver Saïd, Didier Grousset, 2008 (TV-Film) *

L'Italien, Oliver Baroux, 2010

* bei Lingua Video erhältlich